가장 사적인 관계를 위한
다정한 철학책

가장 사적인 관계를 위한
다정한 철학책

이충녕 지음

# Philosophy

# in Love

당신은 사랑 없이 존재할 수 있는가

클레이하우스
CLAYHOUSE

“

사랑합니다. 당신이 존재하기를 원합니다.

amo: volo ut sis

”

*성 아우구스티누스*

*그리고*

*하이데거가 아렌트에게*

시작하며

# 우리의 가장 사적인 관계를 위하여

'먼저 좋아하면 손해? 연인에게 거북이 같은 사람이 되어 보세요'

'남자가 이러면 100% 호감입니다'

'연애 못하는 사람 특징 4가지'

'연애를 잘할 수 있는 방법'

모두 유튜브에서 조회수 100만 회 이상 기록한 영상의 제목들이다. 오늘날에는 이처럼 사랑에 확답을 제시하는 콘텐츠가 많은 인기를 누린다. 만약 이해심이 부족하고 성미가 급한 토끼형 사람과 배려와 끈기가 있는 거북이형 사람이 있다면, 후자를 만나는 것이 '정답'이라는 식이다. 토끼형은 상대와 금방 헤어지고, 거북이형을 만나야 무조건 관계가 오래 지속될 테니까.

철학 유튜브 채널을 5년간 운영하면서 중요한 사실을 하나 깨닫게 됐다. 단순하고 명확한 답을 말할수록 사람들이 좋아하고 조회수도 잘 나온다는 것이다. '어떻게 행동해야 상대의 호감을 살 수 있을까?', '내가 좋아하는 사람을 만나야 할까, 아니면 나를 좋아해주는 사람을 만나야 할까?' 이런 질문들에 확실한 답을 내놔야 한다. 적어도 섬네일은 그런 인상을 줘야 한다.

누구에게나 사랑의 달콤함만큼이나 실연의 아픔은 크다. 실패를 겪지 않고, 잘 사랑할 수 있기를 바라는 심정은 누구나 마찬가지일 것이다. 하지만 그런 일이 정말로 가능할까? 인터넷을 통해 언제 어디서든 쉽게 수많은 정보를 찾을 수 있는 세상이 되면서, 우리는 그런 명쾌한 '정답'을 찾아 문제를 해결하는 데 점점 더 익숙해지고 있다. 지리를 외우거나 지도를 보며 길을 찾기보다, 그냥 내비게이션을 따라가는 게 훨씬 편하다. 해결해야 할 문제가 생기거나 모르는 단어가 나타날 때도, 천천히 생각하고 고민하기보다 인터넷에 바로 검색하는 게 훨씬 효율적이다.

이런 편리함에 익숙해진 우리는 사랑이라는 가장 사적인

관계에서도 편리한 해답을 찾고 있다. 혈액형, MBTI, 앞서 언급한 토끼형이나 거북이형 같은 구분까지. 사람과 관계를 단순하게 유형화해서 누구에게나 어떤 상황에서나 보편적으로 적용할 수 있는 '공식'이 어딘가 있는 것처럼 여긴다. 하지만 이런 단순하고 명확한 답이 행복한 사랑의 관계를 이루는데 얼마나 도움이 될까?

사랑은 인간이 경험할 수 있는 가장 복잡한 현상이다. 느닷없이 찾아왔다 사라지며, 우리를 환희에 차게 만들었다가 다시 벼랑 끝에 선 심정으로 내몰기도 한다. 사랑이라는 현상 전체를 이해하기에 한 사람의 인생은 너무 짧다. 아니, 지금까지 인류가 지혜를 향해 걸어온 모든 과정을 통해서도, 사랑은 여전히 커다란 미스터리로 남아 있다. 어쩌면 거대한 우주보다도, 가장 미시적인 원자 세계보다도 더 미지의 영역에 놓여 있는 것이 사랑일지도 모른다. 그러니 짧은 영상 몇 개, 책 몇 권으로 사랑의 정답을 찾으려 하는 건 너무 무모한 시도일 테다.

그렇다면 사랑을 더 잘 이해하기 위해, 또 사랑을 더욱 풍요롭게 만들기 위해 우리가 할 수 있는 일은 뭘까? 바로, 다양한 사랑의 가능성을 들여다보는 것이다. 단순명쾌한 해답을 찾아 헤매기보다, 그동안 미처 주목하지 못했던 사랑의 면모들이 무엇인지 살펴봐야 한다. 모든 인간은 그가 살아가는 시대의 조건에 강력한 영향을 받는다. 오늘날 우리가 알고 있는 사랑의 모습, 그리고 우리 사회가 당연한 듯이 말하는 사랑의 모습 또한 그 시대의 선입견을 담고 있다. 우리는 그런 선입견을 파헤치고, 그 안에 있는 사랑의 진정한 모습을 마주할 필요가 있다.

사랑은 인간 사이에서 벌어지는 가장 내밀한 현상이다. 그리고 한 사람 한 사람의 존재는 모두 그 안에 무한한 깊이를 품고 있다. 혹자는 각 개인의 정신을 소우주라고도 말한다. 사랑은 그런 소우주끼리 만나 이뤄지는 거대한 차원의 융합이자 충돌이며, 빅뱅만큼이나 다층적인 의미를 만들어내는 놀라운 사건이다. 따라서 사랑을 더 잘 이해하기 위해서는 겉으로 드러나는 피상적인 모습 너머에 있는 우리의 마음과 삶, 그리고 사회 면면을 깊이 들여다봐야 한다.

지금부터 우리는 다양한 철학적 관점을 통해 이 탐구의 여정을 걸어갈 것이다. 사회가, 다른 사람들이 당연하게 여기는 관점들을 깨뜨리고, 각자의 마음과 세계 속으로 깊이 들어가 사랑의 다양한 의미와 가치를 찾아 이야기할 것이다. 물론 이 여정을 통해서도 사랑의 보편적 원리나 명쾌한 정답을 찾기란 어려울지 모른다. 하지만 적어도 이 책의 끝에 다다랐을 때, 우리 모두는 각자 평생을 바쳐 추구할 만한 사랑이 어떤 모습인지 나름의 대답은 내놓을 준비가 되어 있을 것이다.

차례

## 2부 사랑과 실존



## 3부 사랑과 자본주의

1부

# 사랑의 가능성

The Possibility

of Love

# 1.

# 추방과 축복

삶이란 사랑하는 법을 배우기 위해
주어진 얼마간의 자유시간이다.
_아베 피에르

중학교 1학년 때였다. 수업을 마치고, 같은 아파트에 살던 친구 어머니가 친구를 데리러 오신 덕분에 나도 함께 차를 타고 집에 가고 있었다. 그런데 얼마 지나지 않아, 앞에 걸어가고 있는 여학생 한 명이 보였다.

"어? 저거 J인데." 친구가 말했다.

"J야, 태워다 줄게!" 아주머니는 차를 세우고 인도를 향해 소리치셨다.

그 학생은 웃으며 앞자리에 탔다. 알고 보니 그 여학생은 내 친구와 초등학생 때 같은 반이었고, 둘의 어머니끼리도 서로 아는 사이였다. J는 아주 개구쟁이였다. 유성 사인펜으로 무언가를 잔뜩 그려놓은 손가락을 아주머니에게 보여주더니 신나서 말했다. "이것 봐요. 이렇게 구부려서 합치면 강아지 모양이 돼요."

'쟤는 열네 살이나 돼서 무슨 저런 유치한 장난을 한담.' 일곱 살 때부터 애늙은이 소리를 듣던 나는 속으로 이렇게 생각했다. 열네 살이면 한창 사춘기에 접어들 때다. 나는 부모님 앞에서도 재롱을 안 부린 지 한참 됐고, 더군다나 남의 부모님 앞에서는 더더욱 과묵했을 시기였다. 그런데 친구 어머니 앞에서 해맑게 아이 같은 장난을 치는 J를 봤으니, 참 이상하고 독특하다고 생각했다.

그런 생각을 하는 와중에 집에 도착했고, 그해에는 더 이상 그 아이를 보지 못했다. 그때는 전혀 생각하지 못했다. 앞으로의 인생을 그 아이와 함께 걸어가게 될 거라곤.

## 사랑이라는 모험

2학년 때 나는 J와 같은 반이 됐고, 우여곡절 끝에 이듬해 초부터 연애를 시작했다. 나로서는 첫 연애였다. 그때가 열여섯 살 때였으니, 벌써 십수 년 전 일이다. 그 사이에 많은 일이 있었다. J를 처음 만났을 때 나에게는 천안 백석동이 우주의 전부였다. 나는 어렸을 때부터 유독 멀리 돌아다니는 걸 싫어했다. 또래 아이들은 시내에 나가서 팬시점도 가고 영화도 보고 했는데, 내게는 학교, 그리고 운동장 정도면 모든 것이 충족되는 낙원이었다. 그랬던 나도 연애를 시작하니 어쩔 수 없었다. 아늑했던 낙원에서 '추방'되어, '바깥세상'으로 활동 반경을 넓혀야만 했다. 처음으로 영화표를 내 손으로 사봤고, 처음으로 카페에 가서 아이스초코 음료를 시켰다. 백석동이 전부였던 나의 우주는 이제 불당동으로, 쌍용동으로, 신부동으로 점점 넓어졌다.

이후 둘 다 서울에 있는 대학교에 진학하면서 우리는 서울살이를 시작했다. 무한한 볼거리와 먹거리, 경험을 제공하는 도시였지만, 아마 J가 없었더라면 내 활동 반경은 집이 있는 영등포와 학교가 있는 관악구에 한정됐을 것이다. 당산동부터 관악산을 순환하는 6514 버스와 천안과 영등포를 잇는 지하철 1호선만 충분했다. 하지만 J가 있었기에, 나는 홍대와 청량리와 가로수길을 두루 아는 사람이 되었다. 2호선과 6호선, 경의중앙선도 타고, 여러 구를 오가는 파란 버스도 심심치 않게 탔다.

여행에 관심이 많은 J는 군 복무 중이던 내게, 전역을 하면 길게 여행을 다녀오자고 제안했다. J는 그때부터 틈틈이 아르바이트로 돈을 모았다. 나는 12만 원 월급을 받던 이병 시절부터 매달 10만 원씩 빠져나가는 적금을 들어, 전역 때까지 300만 원 가까운 돈을 모았다. 전역 후에는 떡볶이 가게에서 두 달을 일해 400만 원을 더 벌었다. 우리는 함께 모은 돈으로 두 달 동안 남미 여행을 다녀왔다. 지구 반대편에 있는 아르헨티나 평원으로, 〈무한도전〉에 나왔던 신라면 가게가 있는 칠레 남쪽 땅끝마을로, 화성 표면처럼 생긴 사막으로, 세상 모든 것과 단절된 기분이 들었던 볼리비아와 페루의 고산지대로, 일곱 가지 물 빛깔의 콜롬비아 카리브해로 떠났다. 어릴 적 나로서는 상상도 못 할 일이었다.

여행을 마친 후, 나는 J와 함께 독일 유학 계획을 세웠고 함께 베를린에 갔다. 천안 백석동에서 만난 열네 살짜리 꼬마 아이들이 더 넓은 세상으로 나가 고군분투했다. 때로는 언어 스트레스를 받으며, 때로는 돈 걱정을 하며, 때로는 한국보다 너무 느리고 답답한 시스템에 한탄하며, 때로는 이렇게 다양한 경험을 할 수 있다는 것에 감사하며, 때로는 한국의 하늘과는 묘하게 다른, 입체적인 빛깔로 아름답게 물들어가는 도시의 노을을 평안한 마음으로 바라보며.

지난 13년 동안 정말 많은 일이 있었지만, 변하지 않는 사실은 J가 여전히 내 곁에 있다는 것이다. 우리가 앞으로 어떤 삶을 살지 모르지만, 확실히 믿을 수 있는 것이 있다. 지금까지 그랬던 것처럼, 앞으로도 우리가 함께 인생이라는 모험의 여정을 헤쳐나갈 거란 점이다.

## 추방은 정말 저주였을까?

성경에서는 인류의 탄생을 아담과 하와 이야기로 설명한다. 신은 이 세상을 창조한 뒤, 온갖 동물과 맛있는 과일이 가득한 낙원인 에덴동산을 만들었다. 그리고 그 만물을 다스릴 존재로 인간인 아담을 창조하고, 이어서 그의 갈비뼈로 하와를 창조한다. 신은 둘이 짝을 이뤄 살라고 명한다. 그들은 아무 옷을 입지 않고도 부끄러움을 몰랐으며, 어떤 고통도 없이 행복하게 살았다. 그러던 어느 날, 뱀이 한 마리 나타난다. 그는 하와에게 에덴동산에 있는 어떤 나무의 열매를 먹으라고 유혹했다. 신이 먹지 말라고 엄중 경고한, 선악을 알게 해주는 열매였다.

하와는 유혹을 이기지 못했다. 먹음직스럽고 아름다운, 그 탐스러운 열매를 먹어버렸다. 그리고 자기 짝인 아담에게도 권해서 먹였다. 이내, 지혜로워진 둘은 자신들이 발가벗었다는 걸 깨닫고 부끄러워 숨어버렸다. 분노한 신은 그들에게 가죽옷을 입힌 후 에덴동산 밖으로 쫓아버렸다. 모든 것이 충족된 낙원을 등지고, 이제 그들은 힘겨운 노동을 통해 먹거리를 찾고, 출산을 통해 아이를 기르며, 늙고 병들어 죽어야 하는 운명에 놓이게 됐다. 인류의 시작이었다.

누군가는 단지 허무맹랑한 이야기로 취급할 수도 있겠지만, 사실 신화나 미신으로 치부되는 많은 이야기에는 문명보다 자연의 상태와 가까웠던 고대인들이 세상을 바라본 나름의 이해와 해석이 담겨 있다. 에덴동산 이야기를 만들어낸 고대인들의 중요한 관념은 우리 삶의 본질이 '추방'이라는 것이다. 인간은 모든 것이 충족된 낙원으로부터 추방당한 존재다. 그런데 이 추방을 어떻게 해석하는지에 대해서는 서로 다른 관점이 있다.

첫 번째 관점은 추방을 일어나지 말았어야 할 일로 여기는 것이다. 이런 시각에서는 인간의 삶이 고통의 연속이다. 뱀의 꼬임에 넘어가 신의 뜻을 어긴 '원죄'를 지어서, 겪지 않아도 될 고생을 겪게 됐다는 것이다. 태초의 인간이 더 지혜로웠다면, 욕심을 덜 부렸다면, 이 모든 고생이 시작되지 않았을 거란 입장이다. 이런 관점에서는 현세의 삶이 별로 가치가 없다. 우리의 삶은 더 완전한 상태에서 타락한 부정적인 상태에 불과하다. 따라서 인간의 목적은 타락하기 이전 상태에 가까워지는 것, 즉 좀 더 신에 가까운 천국이나 낙원 같은 내세에서의 삶을 기대하는 편이 바람직하다.

두 번째 관점은 추방을 가능성의 시선에서 바라보는 것이다. 어쩌면 추방은 모든 의미 있는 이야기, 긍정적인 가능성이 시작되기 위해 반드시 일어나야 했던 사건일지도 모른다. 사실, 성경에서 에덴동산 이야기는 단 몇 페이지에 불과할 정도로 매우 짧다. 에덴동산에서 아담과 하와가 정확히 어떤 형태의 삶을 살았는지에 관해선 상세한 설명이 없다. 분명한 건, 선악과를 먹기 전까지 아담과 하와는 옳고 그름이나 선악을 전혀 알지 못했다는 점이다. 선악에 대한 의식이 없다는 말은 무엇이 가치 있는 것인지 평가할 수 없다는 뜻이다. 성경에는 그들이 자기 삶의 의미나 책임과 역할에 대해 어떤 의식을 갖고 생활했는지 다루지 않는다. 당연히 그럴 수밖에 없었을 것이다. 가치에 대한 어떤 앎도 없다면, 뚜렷한 자기 의식을 갖고 자신의 삶을 의미 있게 만드는 것은 불가능할 테니까.

이런 관점에서 생각하면, 인간이 뱀의 꾐에 넘어가 선악에 대한 앎을 얻은 사건은 사실 죄가 아니라, 인류의 여정이 시작되기 위해 반드시 일어나야 했던 일이었을지 모른다. 낙원에서 추방되면서 인간은 고생길을 걷게 됐다. 하지만 그 대신 이 세상을 자유롭게 살아가며, 자신만의 가치를 추구하고 실현할 수 있는 무한한 가능성을 얻게 됐다. 즉, 인간은 추방을 통해서, 진정한 의미에서의 생명을 얻고 자신만의 삶을 살아가게 된 것이다.

## 아담과 하와가 함께 쫓겨난 이유

에덴동산 이야기처럼, 모든 인간은 무지에서 벗어나 '앎'으로 향하는 여정을 경험한다. 아무것도 모르는 아기로 태어나, 양육자로부터 보호와 교육을 받으며 조금씩 앎을 얻어간다. 이런 성장 과정은 어떤 의미에서 무지라는 편안한 상태로부터 추방되는 과정이기도 하다. 만약 우리가 계속 아무것도 모르는 존재로 산다면, 아무런 책임도 고통도 없을 것이다. 자기 존재를 스스로 의식하고 특정한 관점으로 경험한 일들을 해석할 줄 모른다면, 거기서 행복이나 결핍을 발견할 일도 없을 것이다. 그런 세상에는 아무런 갈등도 고통도 없을 테지만, 성취나 만족 또한 없을 것이다. 마치 에덴동산의 동물들처럼, 완전히 자연과 합일된 상태에서 아무 의식도 지니지 못한 채로, 모든 게 충족된 세상에서 그저 먹고 자고 숨쉬기만 할 것이다.

하지만 인간은 그런 운명을 과감히 벗어던졌다. 무지의 행복이 보장된 에덴동산을 나서서 앎이 가득한 세상으로 나아갔다. 그 과정에서 인간은 자유, 즉 세상과 자기 자신에 대한 의식을 얻었다. 우리는 성인으로 자라는 과정에서 각자 나름의 관점을 갖게 되고, 때론 그로 인해 고통과 갈등을 겪기도 한다. 무수히 실패하고, 좌절하고, 불안하겠지만, 그 지적인 여정을 통해 비로소 '삶의 의미'를 발견하게 된다. 만약 신이 존재한다면, 정말로 신이 우리를 사랑한다면, 추방은 저주가 아니라 오히려 축복이 아니었을까? 보호자인 자기 품을 벗어나 당당하게 독립하기를, 자유롭게 자기 삶을 일구고 거기서 긍정적인 의미를 찾기를 바라지 않았을까.

에덴동산 이야기에서 우리가 주목할 점이 하나 더 있다. 신은 인간이 추방의 과정을 '함께' 겪도록 만들었다는 것이다. 어쩌면 처음부터 아담이나 하와 혼자서만 고생길을 겪게 할 수도 있었고, 따로따로 쫓아냈을 수도 있다. 먼저 아담을 쫓아내고 온갖 고생을 시킨 뒤에 하와를 창조해 인류의 역사를 시작하는 선택지도 있다. 그런데 신은 그러지 않았다. 신은 아담이 혼자 있어서는 안 된다고 생각했다. 그래서 모든 것이 충족된 에덴동산에서부터 하와를 만들었고, 그들은 함께 죄를 저지르고 함께 추방됐다. 이유가 뭘까? 앎을 얻고 의미를 발견하는 삶의 과정은 결코 고립된 한 명의 인간이 이룰 수 있는 과정이 아니라는 뜻이리라. 우리는 태어나면서부터 필연적으로 타인을 마주하며 살아간다. 가장 근원적인 존재인 어머니부터, 다른 가족 구성원, 친구, 연인, 동료 등과 관계를 맺으면서 성장한다.

과연 타인과의 관계없이 혼자 힘으로 삶의 의미와 가치를 발견할 수 있을까? 신화뿐 아니라 현대 학문 역시 그 대답을 '아니오'라고 할 것이다. 정신분석학에 따르면, 인간 심리의 큰 비중을 차지하는 무의식은 다른 사람들과의 관계에 본질적인 영향을 받는다. 또한 현대 언어철학은 우리의 생각을 이루고 있는 언어가 다른 사람들과의 소통을 통해서만 의미를 갖는다고 말한다. 우리가 누구의 도움도 받지 않고 혼자서 무언가 생각할 수 있는 이유는, 이미 다른 사람과의 소통을 통해 그 생각의 재료가 되는 언어적 개념들의 의미를 익혔기 때문이다. 그런 과정이 없다면, 우리는 그 어떤 제대로 된 생각도 할 수 없다.

## 경험하기 전에 이미 아는 것

나는 J와 인생의 많은 시간을 함께하며 다양한 삶의 의미와 긍정적인 가치들을 발견할 수 있었다. 아마 J가 없었더라면 내 앎의 영역은 훨씬 좁았을 것이다. 어린 시절 만들어둔 나만의 '에덴동산'을 절대 벗어나지 않았을지도 모른다. 하지만 동반자의 존재는 나에게 '에덴동산'의 문을 박차고 나서도록 요구했다. 세상의 다양한 모습을 마주하고, 주체적 인간으로서 나 그리고 우리의 이야기를 써 내려갈 강력한 동기를 주었다.

사랑이란 무엇일까? 사랑의 가치는 감각적 쾌락이나 정서적 만족보다 더 근원적인 차원에 있다. 그것은 무지와 무의미가 뒤섞인 원초적 낙원에서 추방당한 한 존재가 자신과 비슷한 운명에 처한 다른 존재와 함께 거친 세상에 맞서는 여정이다. 너와 내가 함께 그 힘겨운 길을 걸어가며, 혼자서는 결코 깨닫지 못했을 이 세상과 우리 삶의 의미들을 발견하는 과정이다.

"연애를 한 번밖에 못 해본 거 후회 안 해?" 친구들이 종종 내게 묻는다.

"딱히." 나는 주로 이렇게 짧게 대답하고 만다. 남들 앞에서 매번 내 연애관을 굳이 길게 이야기할 필요는 없다고 생각하기 때문이다. 하지만 이 짧은 대답을 할 때마다, 나는 생각한다. 한 번을 반드시 한 번'밖에' 라고 생각할 필요는 없다고. 인간은 모든 상황에서 오로지 '하나의 가능성'만을 선택할 수 있으니까. 그것이 우리 경험의 본질적인 특성이다. 점심으로 짜장면을 먹을지 짬뽕을 먹을지 고민할 때, 우리는 오직 하나의 선택만 내릴 수 있다. 혹자는 말할 것이다. 짬짜면을 먹으면 되지 않냐고. 하지만 짬짜면을 먹는 것 역시 하나의 가능성이다. 짬짜면을 먹겠다고 선택하는 것은 짜장면만 먹거나 짬뽕만 먹을 가능성을 포기하는 것이다. 짬짜면을 먹으면서 짜장면까지 같이 먹으면 두 개의 가능성을 모두 선택하는 걸까? 그것 또한 하나의 가능성일 뿐이다. 단 하나의 가능성을 선택함으로써 우리는 점심 메뉴를 다른 조합으로 먹었을 수많은 가능성을 포기한다.

마찬가지로, 연애를 여러 번 하는 것 역시 연애를 한 번만 할 가능성을 포기하는 것이다. 흔히 사람들은 연애를 한 번만 하는 것이 연애를 여러 번 할 가능성을 포기하는 것으로 생각한다. 하지만 그 두 선택지는 각각 하나의 가능성이다. 하나를 선택하면 나머지는 포기해야 한다는 점에서 그 둘은 동등하다. 그중 무엇을 선택하는지에 따라 선택할 수 있는 가능성의 개수가 더 늘어나거나 줄어드는 게 아니다.

사랑을 몇 번이나 했느냐보다 더 중요한 건 거기서 어떤 가치를 발견했느냐다. 한 사람과의 연애를 통해서도 의미 있는 가치를 발견했다면, 그것으로 충분한 사랑을 한 것이다.

아담과 하와는 자신들의 사랑에 대한 아무 선택권이 없었다. 어느 날, 신이 그들을 창조하고선 알아서 둘이 잘살라고 험한 세상으로 내쫓았다. 그들에게는 처음부터 오로지 서로만이 가능한 선택지였다. 그렇다면 그들은 불행하거나 아쉬운 사랑을 한 걸까? 그건 아무도 모른다. 만약 그들이 서로에게 용기를 주고 험한 세상을 함께 헤쳐나가며 삶을 일궜다면? 수십 번의 연애를 하고도 공허함에서 벗어나지 못하는 사람보다 훨씬 더 근원적인 의미의 사랑을 한 것이다. 사랑에서 앎은 경험보다 더 본질적이다. 수많은 것을 경험하고도 아무 가치나 의미를 찾지 못하는 사랑은 앙상하다. 반면 아주 적은 횟수만으로도 세계와 우리 삶에 대해 무언가 중요한 것을 알게 됐다면, 그것만으로 무엇으로도 대체할 수 없는 소중하고 충만한 사랑을 경험한 것이다.

## 2.

## 사랑은 자유를 구속하는가?

---

나는 단 하나의 책임만 아는데,
그것은 바로 사랑하는 것이다.
_알베르 카뮈

"오늘 엄마가 죽었다. 아니 어쩌면 어제. 모르겠다."

알베르 카뮈의 소설 『이방인』의 첫 문장이다. 역사상 가장 강렬한 소설 도입부 문장이 아닐까 싶다. 이 문장이 충격적인 이유는 주인공 뫼르소가 자기 엄마에 대해 놀라울 정도로 냉담하고 무관심하기 때문이다. 물론 소설 속에서 엄마의 사망 소식을 알리는 전보 내용이 조금 불명확하기도 했다. 하지만 아무리 그래도 엄마의 죽음이 아무 일도 아니라는 듯이 무심하게 툭 내뱉는 문장은 무언가 근본적인 인간성의 결여를 느끼게 한다.

소설이 진행되면서 뫼르소는 한 사람을 총으로 쏴 죽인다. 우발적인 살인이었다. 그 일이 있기 직전, 그는 한 아랍인 무리와 다툼에 휘말렸다. 하지만 폭력을 쓸 생각은 없었다. 오히려 상대에게 총을 쏘려던 친구를 저지하고 싸움을 끝낸 후, 잠시 바람을 쐬러 해변을 거닐던 중이었다. 그는 감정이 격해졌거나 누군가를 죽일 계획이 전혀 없었다. 그런데 걷다가 아까 싸웠던 아랍인을 다시 마주쳤고, 순간적으로 그가 들고 있는 칼에 햇빛이 반사되어 눈이 부셨다. 뫼르소는 그 쨍한 햇빛과 무더운 날씨, 습한 바닷가의 분위기에 떠밀리는 느낌을 받으며 아랍인을 향해 방아쇠를 당긴다. 그도 자신이 왜 총을 쐈는지 정확히 모른다. 황당하게도, 정말 그 순간에 눈이 너무 부셔서 발포했을 뿐이다.

나는 뫼르소의 우발적 살인이 엄마의 죽음에 대한 태도와 직접 관련이 있다고 생각한다. 뫼르소는 단지 엄마에게만 관심이 없는 게 아니다. 그건 인간적 관계에 대한 그의 전반적인 무관심을 상징한다. 그는 사랑을 모른다. 아무도 사랑하지 않는다. 엄마만큼 애인이나 이웃에게도 큰 관심이 없다. 있어도 그만 없어도 그만, 이 사람이어도 저 사람이어도 그만. 뫼르소에게 모든 사람은 본질적으로 사물과 다를 게 없다. 한 사람이 떠나가고 다른 사람이 다가온다고 해서 달라질 건 없다. 이렇게 단 한 사람과도 깊은 관계를 맺지 않는 뫼르소에게 살인은 사소한 일이다. 이렇게 어떤 얽매임도 없는 그를 자유롭다고 할 수 있을까?

### 자유라는 함정

이 질문에 답하기에 앞서, 다음 질문에 답을 해보자. 우리는 왜 다른 사람을 해치거나 범죄를 저지르지 않고 도덕과 법을 지키며 살아갈까? 근본적인 이유 중 하나는 소중한 사람이 있기 때문이다. 범죄를 저질러서 처벌을 받으면, 내가 사랑하는 사람들이 너무나 깊은 상처를 받게 될 것이다. 그렇기에 우리는 사회가 명하는 틀에 맞게 행동하며, 날뛰는 충동을 통제한다.

그런데 뫼르소는 그런 걱정을 할 필요가 없다. 아무도 사랑하지 않기 때문이다. 뫼르소에겐 진정으로 소중하게 여기는 사람이 아무도 없기에, 행동에도 아무런 제약이 없다. 그 어떤 관계에도 종속되어 있지 않으며 더없이 자유롭다. 사람을 향해 방아쇠를 당기자는 기분이 들 때 주저 없이 그 충동을 실현하는 것, 어떤 의미에서 그는 인간이 상상할 수 있는 최대한의 자유를 누린 셈이다.

우리는 자유가 소중하다고 생각한다. 자유가 늘어나면 좋고 줄어들면 나쁘다고 여긴다. 하지만 실제로 인간은 행복한 삶을 살기 위해서, 스스로를 다른 사람들과의 관계 속에 묶고 자유를 제한한다. 아니, 사실 이런 제한은 자의로 이루어지지도 않는다. 상황적 조건에 의해 자유가 제한되는 일이 더 많다. 우리는 어려서부터 자유의지와 상관없이 수많은 인간관계에 노출된다. 부모, 조부모, 형제, 자매, 친구, 동료 등 다양한 인간관계는 나의 의지에 따른 선택이 아니라 대부분 '어쩔 수 없이' 주어진 상황에 의해 이뤄진다. 내가 원해서 태어나는 게 아니고, 내 의지로 형제자매가 만들어지는 게 아니며, 내가 선택해서 좋은 친구나 동료가 될 만한 사람들을 만나게 되는 게 아니다.

이렇게 나의 의지를 넘어선 상황적 조건에 의해, 다른 사람들이 나의 삶 속으로 불쑥불쑥 찾아온다. 그리고 그렇게 찾아온 수많은 사람 중에서 일부가 내게 소중한 존재가 된다. 그런데 혹자는 이들을 선택하는 것은 내 의지가 아니냐고 반문할 수도 있다.

이해하기 쉽게, 예를 들어보자. 당신은 언제부터 연인이나 친구, 혹은 엄마를 사랑하기로 결정했는가? 아마 특정 순간을 정해서, 자기 의지로 그들을 사랑하기로 결정한 사람은 없을 것이다. 대개 나도 모르는 사이에 그들을 사랑하게 되기 때문이다. 이런 식으로 나의 의지를 넘어서 생겨난 사랑은 처음부터 나의 자유를 제한한다. 뫼르소는 이런 제한을 겪지 않은, 또는 아주 미약하게만 겪은 독특한 인물이지만, 사람들은 대개 처음부터 자유를 제한된 형태로 경험한다. 그렇다면 이것은 자유롭지 못한 걸까?

## 사랑이 알려주는 자유의 새로운 의미

아니다. 제약은 자유의 반대 개념이 아니라, 오히려 자유의 또 다른 이름이라 할 수 있다. 모든 인간은 관계적 존재로서, 개인의 자유와 행복은 자신이 사랑하는 사람들의 자유나 행복과 매우 밀접하게 연결되어 있다. 따라서 나는 나의 자유와 행복을 위해서, 그리고 내가 사랑하는 사람들의 행복을 위해서 행동에 제약을 둬야만 한다. 아무런 통제 없이 원초적 욕망을 모두 실현하며 살아간다면, 주변의 소중한 사람들은 큰 불행을 겪고 말 것이다. 동시에 그들과 연결되어 있는 나 역시 불행해지고 만다.

나는 결코 그렇게 되는 것을 용납할 수 없다. 그들의 행복이 곧 나의 행복과 연결된다. 우리 모두의 행복을 실현하기 위해, 나는 기꺼이 자유의 일부를 포기할 준비가 되어 있는 것이다.

인간은 살아 있는 한 완전한 자유를 누릴 수 없다. 삶은 필연적으로 자유의 제한을 전제로 한다. 세상의 모든 부와 권력을 다 가졌던 권력자도, 지구상의 돈이란 돈은 다 끌어모으는 갑부도 완전히 자유롭지는 않다. 그들 역시 주변 소중한 사람들의 행복을 위해서 자기 자유의 일부를 포기한다.

자유를 정의하는 일은 아주 어렵다. 하나의 정의에 따르면 자유는 자신의 의지대로 행동할 수 있는 상태다. 콜라를 마시려는 의지가 있고 실제로 콜라를 마실 수 있다면 자유롭다고 할 수 있다.

그런데 인간이 가진 의지의 구조는 아주 복잡하다. 하나의 의지는 다른 수많은 의지와 상충한다. 콜라를 마시려는 의지도 조금은 있으나, 건강을 위해 식단관리를 하고 싶은 의지가 더욱 강할 수도 있다. 그런 경우, 우리는 콜라에 대한 의지를 포기하고 건강에 대한 의지를 실현하기로 선택할 수 있다. 그리고 앞서 이야기한 것처럼, 우리는 많은 경우 혼자만을 위한 자유보다는 내가 사랑하는 사람들의 행복까지 실현하는 의지를 따른다.

얼핏 보기에는 나만을 위한 것처럼 보이는 의지도 사실은 타인과 연결된 것들이 많다. 예를 들어, 건강에 관한 의지는 자신의 행복을 위한 것이기도 하지만, 동시에 사랑하는 다른 사람들의 행복과도 근원적인 관계를 맺고 있다. 내 경우를 예로 들어보자. 내가 아프면 가족이 걱정할 것이다. 내가 몸져누우면 내가 책임질 사람들의 생계가 곤란해질 것이다. 그래서 나는 아프면 안 된다. 병으로 인한 육체적 고통도 싫지만, 그보다도 내가 사랑하는 사람들이 겪을 정신적 고통은 더욱 싫다. 그래서 나는 무절제하게 술을 마시지 않고 군것질을 마음대로 하지 않는다.

뫼르소라면 건강에 좋지 않은 음식을 얼마나 많이 먹든, 술 담배를 얼마나 많이 하든 상관없을 것이다. 하지만 나는 아니다. 세상의 권력을 다 쥐어도, 억만금을 얻어도 마찬가지다. 누군가를 사랑하는 한, 나는 그들의 행복을 책임져야 한다는 짐으로부터 결코 자유로울 수 없다. 사랑을 하는 사람은 자유 안에서 완전한 홀가분함을 느끼기보다 책임이라는 무거운 짐을 기꺼이 짊어진다.

사랑과 자유의 관계는 양면성이 있다. 사랑은 곧 책임이기도 하지만, 어떤 의미에서 보면 우리는 사랑을 통해 가장 큰 자유를 실현한다. 누군가를 사랑한다는 것은 그를 욕망한다는 뜻이다. 사랑이란 관계를 통해 상대를 '내 사람'으로 만들 때, 인간은 자기 안의 가장 깊은 의지를 실현하게 된다. 자기 의지대로 행동할 수 있는 것이 자유라면, 사랑을 이룬 사람은 최대한의 자유를 실현한 셈이다. 짝사랑하던 이와 막 연애를 시작한 경험이 있는가? 그는 마구 샘솟는 자유의 기쁨에 어찌할 바를 모른다.

하지만 거기서 더 깊은 사랑의 관계로 발전하면, 상대방에 대한 책임감이 원초적 자유를 짓누르기 시작한다. 자유롭게 시작한 모든 연애는 자유의 제한으로 귀결된다. 단지 욕망을 충족하는 사랑에만 머무른 사람은 그 변화를 견딜 수 없다. 그에게 자유의 제한은 곧 '쾌적한' 관계가 끝났고, 이별의 때가 다가왔음을 의미한다. 갓 태어난 아기는 엄마의 젖을 먹으면서 자신의 욕구만 일방적으로 충족한다. 그러나 시간이 지나 성장하면서, 아이는 곧 자신이 어머니를 챙겨드릴 필요도 있다는 사실을 깨닫는다. 자기 욕망만 충족하는 사랑에 머무는 사람은 성숙한 사랑을 아직 배우지 못한 갓난아기와 같다.

우리는 오직 깊은 사랑 속에서 자유의 성숙한 의미를 이해하게 된다. 현실에서의 자유는 항상 제한된 형태로만 나타난다. 이론상 가장 이상적인 자유는 내가 하고 싶은 걸 무엇이든 할 수 있는 상태다. 하지만 현실의 인간이 누릴 수 있는 자유는 항상 나의 의지와 다른 사람들의 의지를 절충하며 실현된다. 이때, 사회의 규율이나 힘의 관계 때문에 억지로 자기 의지를 포기하는 사람은 자신이 자유롭지 않다고 느낄 것이다. 반면, 다른 사람들과 조화를 이루고자 하는 마음이 내면 깊은 곳에서부터 우러나와 자연스럽게 자신의 의지를 포기하는 사람은 그런 박탈감을 느끼지 않는다. 분명 자신의 일부 의지를 포기하는 결정이기는 하지만, 다른 관점에서 보면 타인과 함께 행복하고 싶다는 더욱 큰 의지를 실현하는 게 되기 때문이다.

예를 들어서, 나는 산에 가고 싶지만 다른 가족들은 바다에 가고 싶다고 하자. 이때, 너무나 산에 가고 싶지만 어쩔 수 없이 가족의 손에 이끌려 바다에 가는 사람은 자유롭지 못하다고 느낄 것이다. 하지만 똑같은 상황에서, 산에 가고 싶은 마음이 크긴 해도 가족을 위해 바다를 선택한 사람은 어떤 의미에서는 여전히 자유를 손에 쥐고 있다. 하나의 의지는 포기하지만, 다른 의지를 실현했기 때문이다.

우리는 아주 어릴 때부터 어른이 될 때까지 이런 경험들을 한다. 동생이나 친구를 위해 아끼는 장난감을 양보하거나, 연인을 집까지 데려다주려 먼 길을 돌아가거나, 가족을 위해 열심히 일한다. 다른 사람의 행복을 위해, 내가 지닌 자유의 일부를 자발적으로 포기하는 것이다. 아이는 결코 부모의 강제적인 훈육 때문에 이타적인 행동을 하는 게 아니다. 어른

역시 마찬가지다. 우리는 법의 처벌이 두렵거나 힘의 질서에 따를 때만 이타적인 결정을 내리지 않는다. 사랑은 어떤 강압 없이도 희생과 봉사를 가능하게 한다. 사랑 안에서 인간은 이기심의 욕망을 넘어서는 이타심으로서의 자유가 무엇인지를 이해한다.

## 완벽한 해방은 죽음뿐

개인의 의지대로만 행동하고자 하는 자유는 현실에서 결코 실현될 수 없다. 사회적 조건 이전에 생물학적 조건이 이미 그런 자유를 금지한다. 늙고 병드는 유한한 육체를 가진 인간은 결코 의지대로 모든 욕망을 실현할 수 없다. 완전히 자유로워지려면 결국 육체의 제약을 벗어나야 한다. 다시 말해 삶을 떠나는 것, 즉 죽음이다.

뮤지컬 〈엘리자벳〉은 자유와 죽음의 밀접한 관계를 포착한 놀라운 작품이다. 오스트리아 역사상 가장 아름다운 황후였다는 엘리자벳은 어린 시절부터 보수적인 귀족 집안의 의무에 따르기보다, 자신이 하고 싶은 일을 하며 자유롭게 살기를 원했다. 그런데 우연한 계기로 오스트리아 황제와 서로 사랑에 빠져 결혼한 후, 엄격한 시어머니의 억압에 시달리며 온갖 의무에 짓눌린 삶을 살게 된다.

처음 결혼을 결심했을 때는 낭만적인 사랑 하나로 모든 난관을 극복할 수 있을 거라 기대했다. 하지만 결국 인형 같은 삶만을 강요하는 황실의 압력에 점점 지쳐간다. 그때 그녀가 자유를 갈망하며 부르는 노래가 '나는 나만의 것'이라는 곡이다. "내 인생은 나의 것. 내 주인은 나야. 난 자유를 원해!"라고 외치는 후렴구가 무척 인상적이다. 이렇게만 보면 엘리자벳은 시대와 환경의 제약을 극복하고 주체적인 여성으로서 살아가려고 애쓴 긍정적이고 진취적인 인간상의 대표주자 같다.

하지만 이 작품에 담긴 의미는 훨씬 더 복잡하다. 이 작품에서 자유는 결코 긍정적으로만 그려지지 않는다. 엘리자벳이 자유를 갈망할 때마다 한 인물이 계속 그녀의 곁을 찾아온다. 그의 이름은 죽음이다. 죽음은 사람의 형태를 하고 계속 엘리자벳 주위를 맴돈다. 죽음은 엘리자벳이 자유를 추구할 때마다 그녀를 껴안고 입을 맞추려 한다. 엘리자벳은 그의 유혹을 한사코 물리친다.

하지만 자유를 갈망할수록 죽음과 엘리자벳은 점점 더 가까운 사이가 된다. 마침내 '베일은 떨어지고'라는 마지막 곡에서, 결국 엘리자벳은 자신이 바라는 것이 죽음이라는 것을 인정한다. 그녀는 노래한다. "밤을 아침으로 만들어줘. 나를 자유롭게 하고 구해줘. 나의 기억을 지우고 영혼의 보금자리를 마련해줘." 이어서 엘리자벳과 죽음은 듀엣으로 노래한다. "나는 당신과 함께 무(無) 속에 빠져 죽겠어. 당신과 함께 불이 되어 부활하겠어. 그리고 영원 속으로 사라지겠어."

다음으로 그들은 원래 자유를 갈망하며 부르던 '나는 나만의 것'의 멜로디를 다시 한번 부른다. 하지만 이번에는 가사가 조금 다르다. 엘리자벳은 이렇게 부른다. "세상은 내 삶의 의미를 알아내고자 헛된 수고를 하겠지. 나는 나만의 것이니까!" 동시에 죽음은 같은 멜로디를 다음과 같은 가사로 바꿔서 부른다. "세상은 너의 삶의 의미를 알아내고자 헛된 수고를 하겠지. 너는 나만의 것이니까!"

이 마지막 가사를 끝으로 그들은 마침내 입을 맞춘다. 엘리자벳이 죽음을 맞는 순간이다.

엘리자벳이 바라는 진정한 자유, 즉 자신의 존재 전체가 오로지 자신에게만 속하는 그런 자유는 삶 속에서 실현될 수 있는 게 아니었다. 그녀는 자유롭기 위해 죽어야만 했다. 그녀가 진정으로 원하는 것은 사실 자유가 아니라 죽음이었다. 모든 고통과 책임과 의무가 사라진 최종적인 상태(실제 역사에서도 엘리자벳 황후는 어머니로서의 책임이나 황후로서의 의무를 외면했다는 비판을 받았다). 이 상태에 이르러 비로소 엘리자벳은 온전히 자기 자신에게 속할 수 있었다. 그런데 역설적으로, 온전히 자신에게만 속함으로써 엘리자벳은 죽음의 소유가 되었다. 그녀는 최종적 자유를 실현함으로써 자신의 삶을 잃었다.

## 책임이야말로 진정한 자유다

엘리자벳이 자유를 좇으면서도 죽음에 이르지 않을 다른 방법은 없었을까? 나는 이타적 사랑이 엘리자벳을 구할 수 있었을 거라고 믿는다. 그녀처럼 막연하게 이상적 자유만 쫓는 다른 사람들 역시 이타적 사랑을 통해 자유의 의미를 새롭게 이해할 수 있다고 믿는다. 인간은 타인을 위해 자기 존재의 일부를 기꺼이 내줄 수 있는 존재다. 하지만 우리는 때때로 '개인의 자유'라는 이상을 너무 앞세운 나머지, 나의 의지를 일부 포기할 때 얻을 수 있는 더욱 성숙한 자유의 가능성을 보지 못한다.

현실에서 우리가 누릴 수 있는 자유는 순수한 개인의 자유가 아니다. 언제나 관계 속에서의 자유다. 이기심에 눈먼 사람은 이 관계성을 한계나 구속, 제약으로 느낀다. 무책임한 사람이 사랑에 따르는 관계의 의무를 답답하게 여기는 것처럼 말이다.

반면 누군가를 책임 있게 사랑하는 사람은 이런 관계성과 의무의 토대 위에 설 때 비로소 자신이 '진정으로' 바라는 바를 실현할 수 있다는 것을 안다. 그런 사람에게는 상대의 행복에 대한 책임감이 자기 행복을 구성하는 중요한 부분이다. 이런 관계 속에서는 나의 의지에 이미 타인의 의지가 섞여 들어와 있다. 의지가 결코 나 혼자만의 것이 아니며, 내가 바라는 것과 상대가 바라는 것이 대립 관계를 이루는 게 아니라 서로 조화를 이룬다. '내 의지대로 행동할 수 있는 상태'라는 자유의 진정한 의미는 이러한 조화의 관계 속에서 새로운 해석의 가능성을 얻는다.

"나는 나를 파괴할 권리가 있다." 작가 프랑수아즈 사강은 코카인을 소지하고 복용한 혐의로 기소되면서 이렇게 자신을 변호했다. 하지만 이제 우리는 사강이 외친 자유가 성숙한 자유의 모습은 아니라는 것을 알 것이다. 우리는 개인인 동시에 관계적 존재다. 즉, 사랑하는 사람들과의 관계에 의무감을 지닐 때, 진정한 의미에서의 성숙한 자유를 누릴 수 있다. 그런 관계 속에 있을 때, 우리는 자유를 느끼면서도 동시에 조화를 이루며 살아갈 수 있다. 마치, 서로 진정으로 사랑하는 연인에겐 상대의 행복과 나의 행복이 따로따로 구별되는 것이 아닌 것처럼 말이다.

## 3.
## 할머니의 흑백사진 한 장이 일깨워준 것

사랑하는 것과 알게 된다는 것은 거의 같은 것이다.
우리는 가장 사랑하는 사람을 가장 잘 안다.
_헤르만 헤세

얼마 전 우연히 외할머니의 젊은 시절 사진을 봤다. 이십대 시절의 할머니는 요즘 젊은 사람들처럼 멋지게 차려입고 계셨다. 뭔가를 기념하려 하셨을 수도 있고, 그냥 증명용 사진을 찍으신 걸 수도 있다. 별거 아닌 이 흑백사진 한 장이 왜 그렇게 내 마음을 움직였을까.

할머니는 내게 처음부터 항상 할머니의 모습이었다. 나의 한정된 상상력으론 할머니의 젊은 시절을 머릿속에 그릴 수 없었다. 물론 논리적 추론으로는 알 수 있었다. 할머니 역시 누구나 그렇듯 갓난아기로 태어나 삶의 여러 단계를 거쳐 지금의 노년기에 도달하셨을 거라고. 하지만 머리로 아는 것과 마음은 달랐다. 막상 사진을 통해 젊은 시절 할머니의 모습을 보니 뭔가 당황스러웠다. 전혀 상상하지 못했던 모습이었기 때문이다.

인간은 연속된 시간 안에서 살아간다. 그러나 너무 쉽게 그 사실을 잊는다. 할머니의 젊은 시절 모습을 보고 당황했던 이유는 할머니 역시 '시간 속의 존재'라는 사실을 망각했기 때문이다. 그동안 나는 할머니를 오로지 '현재' 모습으로만 마주했었다. 얼굴 곳곳에 깊은 주름이 진, 흰머리를 항상 주황빛으로 물들이시는, 허리가 아프셔서 병원에 종종 가시며, 경로당과 노인 일자리 지원센터에 나가기를 좋아하시는 그런 모습들이 '나의 할머니'였다.

하지만 할머니는 이처럼 '나에게 보이는' 현재 모습뿐만 아니라, 분명 과거를 살아왔고 미래의 시간을 살아가시는 존재다. 그런데 나는 은연중에 마치 현재 모습이 전부인 것처럼 생각했다. 할머니의 과거를 없는 것처럼 여겼고, 그럼으로써 할머니의 미래 역시 희미하게 만들었던 것이다.

그래서 할머니의 과거 사진을 마주했을 때 당황할 수밖에 없었다. 그 사진은 현재의 인식에만 빠져 있던 나를 과거라는 무기로 급습했다. 시간의 총격 앞에서 현재라는 얇디얇은 유리창은 부서질 수밖에 없었다. 나는 깨진 현재라는 창 너머로 할머니의 과거를 마주해야만 했다. 그리고 그 과거는 이렇게 말한다. 할머니에게도 젊은 시절, 미래에 대한 꿈, 희망, 추억, 사랑, 희로애락이 있었으며, 지금도 그것들은 모두 살아 숨쉬며 할머니의 존재를 이루고 있다고.

## 오직 현재만 중시하는 현대사회

살다 보면 우리가 너무 자주 잊게 되는 사실이 있다. 바로 모든 인간이 시간 안의 존재라는 것이다. 시간은 과거로부터 미래로 끊임없이 흘러간다. 그럼에도 우리는 현재 내 생각과 감정에만 집중하고, 현재 나에게 보이는 사람들의 모습에만 집중한다. 그러면서 지금 나의 마음과 행동, 모습이 과거를 통해 형성됐다는 사실을 잊는다. 또한 현재 역시 절대적 가치를 지닌 게 아니라, 미래로 나아가는 찰나의 순간 중 하나에 불과하다는 사실을 잊는다.

오늘날 우리는 하루가 다르게 바뀌는 현실에 끊임없이 적응해야 한다. 현대인이 처한 이런 삶의 조건은 시간을 쉽게 망각하는 인간의 습성을 더욱 부추긴다. 자본주의 사회의 치열한 경쟁에서 살아남기 위해, 우리는 과거와 현재와 미래를 통합하는 존재로서의 지위를 포기한다. 대기업의 '좋은 부품'이 되기 위한 조건은 어떤 과거를 살아왔고 어떤 미래를 지

향하느냐에 달린 게 아니다. 오직 '현재' 어떤 기능을 수행할 수 있는지에 달려 있다. 이런 환경에서 우리는 자신을 정의할 때 어떤 추억을 가졌고 무슨 꿈을 품고 사는지를 말하기보다, 현재 어떤 능력을 갖췄는지 어필할 수밖에 없다. 최고로 효율적인 기능을 수행하는 존재로 인정받기 위해, 우리는 오직 현재에만 집중해야 한다.

한창 '스펙'이라는 개념이 논란이 될 때가 있었다. 본래 기계의 사양을 나타낼 때 쓰던 말로, 사실 인간에게 적용하는 건 적절하지 않다. 우리는 스펙이 탈시간적 개념이라는 데 주목할 필요가 있다. 스펙은 철저히 현재 어떤 능력을 갖췄는지를 기준으로 측정된다. 과거와 미래는 추상화된 수치로 표현돼 현재에 흡수된다. 예를 들어서, 자동차의 과거는 몇 킬로미터를 달렸는지, 사고가 몇 번 있었는지 등으로 수치화되어 기록된다. 또한 자동차의 미래는 연비와 내구성 등에 대한 계산으로 대체된다. 자동차의 과거와 미래는 철저하게 수치로 추상화되어 스펙에 기입된다. 이 수치들의 목적은 단 하나다. 현재 자동차의 가치를 나타내는 것이다.

스펙에서 과거와 미래는 현재에 잡아먹힌다. 인간의 가치를 스펙으로 표현한다는 건 그가 살아온 모든 순간을 현재의 액면가에 통합시킨다는 뜻이다. 자신을 끊임없이 스펙으로 표현하기를 요구하는 사회적 조건 속에서, 우리는 과거와 미래를 외면하고 현재적 가치를 지닌 존재가 될 수밖에 없다.

우리가 쉽게 짜증 내고 화내는 이유는 현재의 의미를 과대평가하기 때문이다. 가족이나 친구가 나의 특정 행동을 지적하며 비판했다고 가정해보자. 바로 짜증이 날 것이다. 상대의 말이 잘못됐다고 생각하며, 당장 바로잡고 사과를 받아 마땅하다고 느낀다. 하지만 이런 감정과 사고의 흐름이 절대적으로 옳은 건 아니다.

당장 내 관점에서는 상대가 잘못한 거라 생각할 수 있지만, 사실 그도 나름대로 이유가 있을 것이다. 진짜 내 행동에 계속 문제가 있어서 이를 바로잡고자 강하게 지적했을 수도 있고, 그냥 큰 감정 없이 건넨 말을 내가 부정적으로 받아들인 걸 수도 있다. 어쩌면 최근 계속해서 일이 잘 풀리지 않아서, 별거 아닌 말에 짜증이 난 걸지도 모른다. 다른 사람 때문에 쌓인 감정이 그 말을 계기로 폭발한 걸 수도 있고, 미래를 걱정하느라 신경이 곤두서 있던 걸지도 모른다.

짜증과 화를 순전히 현재의 관점에서만 바라보면, 견딜 수 없이 크고 절대적인 것처럼 느껴진다. 하지만 조금만 시간이 지나도, '내가 그때 대체 왜 그랬지?'라고 생각하게 된다. 긴 시간의 관점에서 바라보면 현재의 감정은 결코 절대적이지 않다.

그럼에도 '행복 전도사'들은 오직 현재에 집중하라고 말한다. 지나간 일이나 다가올 일에 지나치게 집착하지 말고, 지금 순간에 담긴 행복의 가능성에 주목하라는 이야기다. 분명 옳은 말이다. 하지만 현재를 있는 그대로 인식한다는 것은, 역설적으로 '현재'라는 닫힌 관점에서 벗어날 때 가능하다. 현재는 독립적인 '점'으로 존재하지 않는다. 과거와 미래 사이의 연속적인 '선'이다. 우리는 이 사실을 깨달음을 때, 비로소 현재의 진정한 의미를 제대로 들여다볼 수 있다.

## 사랑은 일생을 마주하는 일이다

사람이 온다는 건
실은 어마어마한 일이다.
그는
그의 과거와 현재와
그리고
그의 미래와 함께 오기 때문이다.
한 사람의 일생이 오기 때문이다.
부서지기 쉬운

그래서 부서지기도 했을
마음이 오는 것이다 그 갈피를
아마 바람은 더듬어 볼 수 있을
마음,
내 마음이 그런 바람을 흉내낸다면
필경 환대가 될 것이다.

정현종 「방문객」(『광휘의 속삭임』, 문학과지성사, 2008)

정현종 시인은 사랑이 중요한 이유가 "그의 과거와 현재와 / 그리고 / 그의 미래와 함께", "한 사람의 일생이 오기 때문"이라고 말한다.

사랑의 중요한 역할은 대상을 시간 안의 존재로 바라보게 한다는 것이다. 우리는 상대의 현재 모습을 넘어서 과거와 미래를 총체적으로 이해해야 한다. 물론 상대를 오직 현재 모습대로만 바라보는 사랑도 있다. 오늘 처음 만난 사람의 아름다운 외모에 반할 때, 또 그 육체를 탐구하고 향유할 때, 우리는 오로지 현재에 집중한다. 하지만 이런 사랑은 사랑의 일부가 될 수는 있어도 결코 전체가 될 수는 없다. 잠깐 도파민 수치가 널뛰는 일시적인 쾌락 이상으로 사랑의 관계를 발전시키려면 상대와 많은 시간을 함께해야 하고, 그를 연속적인 시간

속 존재로 이해해야 한다. 현재의 아름다운 몸과 매력적인 마음뿐 아니라, 아이로부터 성장해 백발노인으로 늙어가는 존재로서 파악할 수 있어야 한다.

사랑이라는 활동이 가능하기 위해서는, 상대가 어떤 존재인지 이해하려는 노력이 필수다. 그리고 한 사람에 대한 이해는 그가 지나쳐왔고, 또 살아갈 다양한 시간을 탐구할 때 이뤄질 수 있다.

현대 심리학의 가장 탁월한 성과 중 하나는 인간의 심리를 과거와 연결해 설명한 것이다. TV 심리상담 프로그램을 보면, 출연자의 현재 심리 상태를 설명하기 위해 과거를 분석한다. 아이가 말썽을 부리는 이유를 부모와 의사소통이 부족했던 과거를 통해 설명하거나, 부부의 불화를 어린 시절의 트라우마를 통해 설명하는 식이다.

사실 이런 관점은 결코 당연한 게 아니다. 근대 시기의 이성주의 사조에서는 개인이라는 독립적 주체가 현재 발휘할 수 있는 이성적 판단 능력을 중시했다. 누군가 범죄를 저지른다면, 그 이유는 무엇보다도 그 사람이 범행의 순간 제대로 된 판단력을 발휘하지 못했기 때문인 것으로 여겼다.

이런 사고방식은 인간을 오직 현재의 시점에서만 판단한다. 하지만 20세기 이후 심리학이 발전하면서, 사람들은 인간의 마음을 이해하는 더욱 복잡한 시간적 관점을 취하기 시작했다. 우울증, 신경증 등 부정적으로 여겨지는 심리 현상뿐만 아니라, 행복이나 사랑 같은 긍정적인 심리 현상까지, 한 사람의 현재 모습을 과거와의 연결을 통해 설명하려는 시도가 많아졌다.

오늘날에는 종종 이런 관점을 잊고, 누군가를 현재의 일부 모습만 가지고 쉽게 판단하거나 비난하는 경우가 있다. 한 사람의 시간을 전체적으로 들여다보는 건 쉽지 않은 일이다. 그럼에도 우리는 타인을 대할 때 이러한 연속적인 시간의 관점을 적극 받아들여 좀 더 너그러워질 필요가 있다.

## 한 사람을 안다는 것의 의미

동양의 불교 전통에서는 서양의 심리학보다 훨씬 앞서서 인간의 존재를 다양한 시간적 관점에서 해석해왔다. 불교의 핵심 사상 중 하나는 연기(緣起)다. 연기란 세상의 모든 현상이 특정한 조건에 의해서 생겨나며, 그 조건이 사라지면 현상 역시 사라진다는 법칙이다. 이 가르침에 따르면 현재 내가 겪는 순간은 이전에 있었던 일들을 조건으로 생겨난다. 또한 지금 내가 행하는 일은 미래에 있을 다른 무언가의 조건이 된다. 이런 진리를 깨달은 사람은 다른 사람을 볼 때 결코 그의 현재 모습만 보지 않는다. 과거의 조건과 미래의 모습을 함께 본다.

곰곰이 생각하면, 너무나 당연한 사실이다. 하지만 이를 정말로 깊이 깨닫고 내면화해 살아가는 사람은 매우 드물다. 불교에서는 그런 사람들을 부처 또는 보살이라 부르며 존경했다. 특히 보살은 높은 깨달음에 이르렀음에도, 고통받으며 살아가는 이들을 돕기 위해 다시 혼탁한 세상으로 뛰어든 이를 뜻한다. 자기 혼자 깨달음을 얻고 평안하게 살아갈 수도 있으나, 타인을 사랑하는 마음을 가졌기에 힘든 길을 걷기로 결정한 것이다.

이러한 강력한 사랑은 인간의 과거, 현재, 미래를 동시에 보는 능력과 관련 있다. 세상에는 전혀 사랑스럽지 않고, 오히려 혐오나 경멸을 유발하는 사람들도 있다. 예를 들어서, 끔찍한 범죄를 저지르고 전혀 뉘우치지 않는 사람들이 그렇다. 그들을 보면 사랑은커녕 폭력의 충동이 일어난다.

하지만 보살은 그들에게도 현재의 파렴치한 모습 너머로 그 악한 모습이 생겨나도록 만든 과거의 조건들을 본다. 그리고 현재의 악함과 무지 때문에 스스로 고통받을 미래를 본다. 보살은 이런 관점에서 악인 역시 불쌍히 여기며, 악인에게 선한 영향을 줘서 언젠가는 더 나은 길로 이끌고자 한다.

물론 모두가 보살의 경지에 이를 필요도 없고, 그럴 수도 없다. 하지만 한 가지는 배울 수 있다. 바로, 한 사람을 볼 때 현재의 모습에만 집중하는 게 아니라 연속된 시간적 관점을 통해 그 사람의 존재 전체를 파악하고자 하는 태도다.

## 그 사람을 이해하고 있는가

우리말에는 '인연'이라는 아름다운 단어가 있다. 옛사람들은 누군가를 만나는 것이 인연에 의해 일어나는 일이라고 생각했다. 그런데 인연은 본래 어떤 일을 일으키는 원인과 조건을 가리키는 불교 용어다. 사람 사이에 인연이 있다는 말은, 그 관계가 아무런 맥락 없이 하늘에서 뚝 떨어진 게 아니라, 이전에 어떤 원인과 조건이 있었기에 생겨났다는 의미다. 즉, 인연은 우리의 관계 속에 담긴 과거의 시간을 포착하는 동시에 미래의 시간을 내포하는 개념이다. 현재의 인연은 반드시 미래의 어떤 다른 일을 초래하기 때문이다.

우리는 평소 사람을 대할 때 지나치게 현재적인 관점에서만 그 마주침을 인식한다. 길거리에서, 아파트 엘리베이터에서 마주치는 사람들에 대한 현대인의 기이할 정도로 삭막한 무관심은 어떤가? 우리는 그 마주침이 있도록 한 셀 수 없이 많은 조건을 생각하지 않는다. 또한 현재의 마주침을 계기로 미래에 펼쳐질 무수한 가능성에도 별 관심을 기울이지 않는다. 심지어 가까운 관계에서조차도 인연을 망각하는 경우가 많다. 옷깃만 스쳐도 인연이라는 말이 무색하게, 심지어 아주 내밀한 몸과 마음의 접촉이 있었던 관계에서도 말이다.

인연에 대한 깊은 고찰 없이는 상대가 누구인지, 그리고 나와 상대방의 관계가 무엇인지를 결코 제대로 이해할 수 없다. 내가 할머니의 젊은 시절 사진을 보고 당황했던 이유도 거기에 있다. 그 사진을 보기 전에도 나는 언제나 할머니를 사랑한다고 생각했지만, 그러면서도 할머니가 살아온 지난 시간을 제대로 마주하지 않았다. 내가 아는 현재의 할머니가 마치 할머니의 전체 모습인 것처럼 여겼다. 할머니는 내게 언제나 노인, 약자, 따뜻한 사람, 하지만 지금 시대의 트렌드에는 밝지 않은 사람이었다. 그래서 나는 할머니를 위해 김치통을 들어드렸고, 대화를 나누며 밥을 먹었고, 뉴스에 할머니가 모르시는 게 나오면 설명해드렸다. 이런 활동만이 사랑이라고 생각했다. 물론 이것 또한 모두 사랑이라고 생각하지만, 나는 내가 아는 현재의 관점 이상으로 할머니의 또 다른 시간을 이해하려 들지는 않았다. 할머니도 과거에는 약하지 않았고, 한때는 시대의 트렌드를 움켜잡던 사람이었다는 사실을 깨닫지 못했다. 과거에 어떤 생각을 가지고 어떻게 살아오셨는지 전혀 궁금하지 않았다. 그래서 그렇게 많은 시간을 함께 보내면서도, 할머니가 진정 어떤 사람인지에 대해 너무 많은 부분을 놓치고 있었다.

만약 정말로 누군가를 사랑한다면, 그와 나의 인연을 보다 넓은 시간적 관점에서 깊이 살펴볼 필요가 있다. 사랑은 상대에 대한 이해와 앎을 포함한다. 오랜 시간 누군가를 사랑한다 말하면서도 그 사람이 누군지를 잘 모른다면, 그 사랑은 커다란 한계를 가진 셈이다.

우리는 현재라는 좁은 시야에서 벗어나 상대방의 다양한 시간을 들여다봐야 한다. 그렇게 함으로써 "부서지기 쉬운 / 그래서 부서지기도 했을 / 마음"까지 돌볼 수 있어야 한다. 내가 사랑하는 사람은 한때 어린아이였고, 소년 혹은 소녀였고, 다양한 추억과 상처를 간직한 채 성장해왔다. 그리고 언젠가 백발노인이 될 것이며, 죽음을 향해 걸어갈 것이다. 이 모든 시간적 층위가 그의 존재를 총체적으로 구성하고 있다. 우리는 그 넓은 시간 속에 펼쳐진 다양한 빛깔의 면모들을 조금씩 시간을 들여 세심히 들여다봄으로써, 우리가 사랑하는 그 사람이 누구인지를 비로소 제대로 이해할 수 있다.

4.

# 슬픈 어른을 위한 사랑법

만약 우리가 아이로서 존재하기를 아예 완전히 멈춰버렸다면,
우리는 이미 죽었을 것이다.

_미하엘 엔데

어렸을 때는 좋은 음악이 참 많았다. 그런데 언제부턴가 가슴 뛰는 음악이 별로 없어졌다. 음악 시장이 죽은 게 아니라 내 안의 감성이 시든 것일 테다. 어릴 때는 사소한 노래 하나에도 큰 의미를 발견할 수 있었다. 그런데 이제 그게 잘 보이지 않는다. 더 이상 나는 선율에도 노랫말에도 쉽게 감동하지 않는다.

그런데 어릴 때 즐겨 듣던 노래를 들으면, 갑자기 가슴이 뭉클해질 때가 있다. 옛 감정이 되살아나고 마치 그때로 돌아가는 듯한 느낌을 받지만, 그러면서도 절대 그 시절로는 돌아갈 수 없다는 것을 알기에 뭉클해진다. 슬픔은 그 복잡한 감정을 표현하기엔 적절한 단어가 아니다. 긍정과 부정 중 어느 한쪽으로 치우치지 않은, 말로 형용할 수 없는 소용돌이가 마음을 채운다.

누구에게나 이런 음악 한 곡은 있을 것이다. 내게는 김동률의 〈출발〉이 그런 곡이다. "아주 멀리까지 가 보고 싶어 / 그곳에선 누구를 / 만날 수가 있을지"라는 첫 소절이 말하듯, 이 노래는 다양한 가능성을 꿈꾸던 어린 시절의 감성을 떠올리게 한다. 또한 이 노래의 도입부는 내게 〈메이플스토리〉라는 컴퓨터 게임의 배경음악도 연상시킨다. 어릴 적 나는 여행을 많이 다니는 편이 아니었지만, 게임 속에서만큼은 자유롭게 쏘다니며 모험을 즐겼다. 끝없이 걷거나, 하늘을 나는 배를 타고 대륙을 넘나들었다. 깊은 숲속과 신비한 고원, 축축한 정글을 탐험하며 마법을 배우고 괴물을 물리쳤다. 아마 다시는 그때로 돌아갈 수 없을 것이다. 지금 다시 똑같은 음악을 듣거나 똑같은 게임을 해도, 아니 그 어떠한 새로운 경험을 해도 그때만큼의 몰입감은 느낄 수 없다.

## 행복했고 방황했던 시절의 추억

확실히 어린 시절의 인간관계에는 성인은 결코 느낄 수 없는 것이 존재한다. 객관적 조건을 초월하는 인간 대 인간의 만남이 있다.

충남 홍성 시골 마을에서 태어난 나는 일곱 살 때 천안으로 이사 갔다. 어느 날, 낡은 아파트 상가 미용실에서 짧은 '스포츠머리'로 이발을 하고 복도로 나갔는데, 한 또래 아이가 팽이를 굴리고 있었다. 당시 아이들 사이에서는 팽이를 소재로 한 〈탑블레이드〉라는 애니메이션이 대유행이었다. 나 역시 팽이를 갖고 있었다. 누가 먼저 말을 걸었는지도 모르게 우리는 팽이 대결을 시작했다. 마침 나이도 같았던 우리는 그날 이후로 매일 함께 노는 단짝이 됐다.

어린 시절의 친구 관계는 다 이런 식으로 형성됐다. 특별한 이유가 있거나 이득을 위해 친분을 쌓는 일은 없었다. 그저 팽이나 축구공, 게임기만 있으면 친구가 됐다. 그럴 수 있었던 이유는 사람을 만날 때 계산적으로 따지지 않고, 그 사람의 영혼 자체를 마주했기 때문이다.

나이가 들고 성인이 된 지금은 인간관계를 맺을 때 '영혼'을 대면하는 경우가 오히려 드물다. 누군가를 만나면 먼저 그를 둘러싼 조건이나 성격 등을 따져서 관계를 맺는다. 사람에 따라 이렇게 변하는 속도나 구체적 시기는 다르지만, 어른이 되어간다는 건 순수한 관계가 점차 줄어간다는 것이다. 가장 순수한, 영혼끼리의 직접적 연결 경험이 사라지는 것이다. 많은 사람이 청소년기를 인생에서 가장 행복했던 시절로 기억하는 이유는, 이처럼 순수했던 시절의 조각을 마지막으로 간직했던 시기이기 때문일 것이다. 동시에 다른 많은 사람이 청소년기를 가장 흔들리고 방황했던 시절로 기억하는 이유는 그런 순수한 대면이 점차 사라지면서, 새롭게 적응해야 할 또 다른 방식의 인간관계에 대해 혼란을 겪었기 때문일 것이다.

### '너'의 마음을 마주하는 일

어니스트 헤밍웨이의 소설 『노인과 바다』에는 순수한 소년 마놀린이 등장한다. 그는 열악한 가정환경 탓에 어린 나이부터 고기잡이에 나서야 했다. 이미 다섯 살 때부터 고기잡이를 배웠다. 하지만 마놀린은 그런 상황에서도 타인을 사랑하는 따스한 마음을 가졌다.

그는 자신과 같은 어부인 가난한 이웃 노인 산티아고를 살뜰히 보살핀다. 산티아고는 마놀린에게 처음으로 고기잡이를 가르쳐준 사람이었으나, 이제는 나이가 많이 들고 몸도 성하지 않다. 아내는 먼저 세상을 떠났고, 자식도 없어서 챙겨줄 가족도 없다. 설상가상 고기잡이 운이 다 떠나버렸는지 무려 84일 동안이나 고기를 한 마리도 잡지 못했다. 그런 산티아고를 위해 마놀린은 돈이 생길 때마다 맥주와 먹을 것을 사 간다. 함께 고기잡이 도구를 옮겨주고, 노인이 의자에서 잠들면 담요를 덮어준다.

마놀린은 왜 노인을 챙기는 걸까? 마놀린에겐 노인을 보살필 의무가 전혀 없다. 노인이 마놀린의 호의에 보답할 방법도 거의 없다. 그저 말동무가 되어주는 것이 전부다. 노인은 돈도 없고 기력도 없다. 심지어 고기 잡는 운도 떠나갔으니, 냉정히 말해 어울려서 득이 될 게 없다. 마놀린의 부모님은 노인이 고기를 잡지 못하게 되자, 함께 고기잡이에 나서는 걸 금지했다. 어른의 시선에서 보면 노인에 대한 마놀린의 정성은 시간 낭비일 뿐이다.

하지만 마놀린은 어른들의 계산적 관점과 전혀 다르게 노인을 대한다. 그는 자신이 가진 얼마 안 되는 돈으로 노인에게 먹을 것을 사서 건넬 뿐만 아니라, 그와 진심을 나누는 친구로 지낸다. 그 이유는 단 하나. 노인을 그가 처한 조건들이 아닌, 인간 자체로 마주하기 때문이다. 마놀린에게 노인은 가난하고 실력이 떨어진 볼품없는 어부가 아니라, 산티아고라는 대체할 수 없는 존재 자체다. '객관적 조건'이라 불리는 껍질들을 걷어내고 한 존재를 있는 그대로 들여다볼 때, 우리는 비로소 그가 가진 진정한 가치를 경험할 수 있다.

다른 어른들은 그저 가난하고 쇠약한 겉면을 통해 노인을 봤기에, 그의 진실한 인간성을 경험할 수 없었다. 반면 마놀린은 조건을 따지지 않고 노인과 관계했기에, 그의 가장 진실한 가치를 경험할 수 있다. 그에게 노인은 유쾌하고, 따뜻하고, 야구에 대해 잘 알고, 누구보다도 훌륭한 고기잡이 기술을 가졌고, 깊게 팬 주름 속에서도 빛나는 눈을 가진 존경할 만한 사람이다.

철학자 마르틴 부버는 우리가 어떤 대상을 '객관적 사물'처럼 대하는 것과 '너'로 대하는 것을 구별했다. 대상을 객관적 사물로 대한다는 건 무엇인가? 그건 상대를 자신과 본질적으로 상관없는 대상으로 여기는 것이다. 예를 들어서, 집 앞에 서 있는 나무는 어떤가? 나와 별 관계가 없는 대상이다. 물론 그 나무는 나에게 물리적인 영향을 준다. 이산화탄소를 흡수하고 산소를 내뱉어 내가 건강히 숨을 쉴 수 있게 해주고, 돌풍을 막아주기도 하고, 더운 여름에 햇빛을 가려주기도 한다. 하지만 그런 것이 대상과 나 사이에 마음을 나누는 관계까지 만들진 않는다. 그 나무가 아무리 큰 영향을 줘도 내가 그것을 객관적 사물로 바라보는 이상, 그 대상은 그저 시공간의 한 점을 차지한 사물일 뿐이다. 객관적 사물로서의 나무는 당장 내일 아침 누가 잘라가도 상관없는 대상이다. 만약 내가 나무가 잘리는 것에 반대한다면, 그건 오직 나무가 이득이 되기 때문일 것이다. 이때 중요한 것은 나무가 가진 속성이지, 나무 자체가 아니다. 똑같은 속성을 가진 나무를 다시 심을 수 있다면, 지금의 나무는 천 번 베어져도 상관없다. 객관적인 조건만 따져서는 나의 마음과 나무의 마음이 통하는 일은 없다.

그런데 대상을 '너'로 대하면 어떻게 될까? 상대를 대화하고 교류할 존재로 여기는 것이다. 바스콘셀로스의 소설 『나의 라임오렌지나무』의 주인공인 꼬마 제제는 집 마당에 있는 라임오렌지나무와 대화를 나눈다. 나무에는 밍기뉴라는 이름도 있다. 가난한 환경, 가족의 폭력과 학대에 상처받은 제제는 밍기뉴에게 속내를 털어놓으며 위로를 얻는다.

이때, 제제에게 라임오렌지나무는 단지 평범한 사물이 아니다. 결코 다른 라임오렌지나무로 대체될 수 없는, 가장 친한 친구인 밍기뉴다. 제제에게는 밍기뉴의 객관적 속성이 중요한 게 아니다. 나무가 열매를 많이 맺는지, 색깔이 아름다운지, 이파리가 풍성한지 등의 조건은 부차적 속성일 뿐이다. 제제에게 더 본질적인 것은 나무와의 교감이다. 밍기뉴가 건네는 말과 손짓, 그것을 통해 제제는 나무와 마음을 나눈다. 제제에게 밍기뉴는 '그것'이 아니라 '너'다. 그렇기에 시청에서도로를 넓히기 위해 밍기뉴를 자를 거란 이야기를 듣자, 제제는 울음을 터뜨린다. 밍기뉴는 제제의 친구이자 자신만의 고유성을 지닌, 결코 또 다른 나무로는 대체될 수 없는 소중하고 유일한 존재이기 때문이다.

## 왜 우리는 삶의 의미를 찾는가

부버는 아이들의 관계에 배울 점이 있다고 보았다. 더욱 다양한 대상과 '너'의 관계를 맺는다는 것이다. 어른은 대개 소수의 사람하고만 '너'의 관계를 맺는다. 반려동물 정도만이 추가적인 후보지일까? 심지어 일상을 살다 보면 같은 사람을 대할 때조차도 '너'가 아니라 '그것'으로 대하는 일이 빈번해진다. 우리는 자주 타인의 존재를 무시하고, 그저 그의 속성만을 마주한다. 사람을 객관적 사물처럼 여기는 것이다.

반면 아이들은 어떤가? 인간뿐만 아니라 각종 동물이나 식물, 심지어 장난감 같은 무생물과도 쉽게 '너'의 관계를 맺는다. 아이들은 그저 대상의 속성이 아니라, 그 속에 살아 숨쉬는 영혼을 마주한다. 나무에 깃든 정령 이야기는 단지 망상이나 판타지가 아니다. 세상을 바라보는 중요한 관점, 즉 아이들에게는 숨 쉬듯 자연스러운 것이지만 어른이 되면서 점차 잃어가는 '너'의 관점을 정확히 포착하는 것이다.

그렇다면 대상을 사물로 바라보는 관점은 왜 나쁜가? 그것의 치명적인 단점은 계속 비교하게 된다는 것이다. 어떤 대상을 존재 자체가 아닌 속성으로만 바라보면, 자연스레 그걸 기준으로 다른 대상들과 비교하게 된다. 『노인과 바다』에서 어른들이 보기에 산티아고 노인은 남들에 '비해' 고기를 많이 못 잡는다는 점에서, 더 늙고 힘이 없다는 점에서, 더 가난하다는 점에서, 마음을 쓰고 많은 시간을 함께 보낼 가치가 없는 사람이다.

물론 이런 '객관적' 비교 활동은 인간에게 꼭 필요하다. 대상이 어떤 특징을 가졌는지, 무슨 쓸모가 있는지, 다른 대상보다 뭐가 낫고 부족한지 가려내려는 습성이 없었다면 인간은 지금까지 생존할 수 없었을 것이다. 어떤 버섯에 독이 있는지, 어떤 작물이 다른 작물보다 더 잘 자라는지 객관적으로 파악하려는 노력이 없었다면, 인간은 지금까지 살아남으며 문명사회를 이룰 수 없었을 것이다.

하지만 이런 객관적 비교는 물리적 생존과 번영에 도움이 될지는 몰라도 마음의 번영에는 별 도움이 되지 않는다. 마주하는 대상을 '그것'으로 바라볼 때, 우리는 그걸 잘 이용해 이득을 취할 수 있을 것이다. 하지만 그런 활동만으론 결코 마음이 움직이는 경험을 할 수는 없다.

마음의 번영은 풍부한 관계 속에서 이루어진다. 어린 시절을 떠올려보라. 삶의 의미에 의문을 품었던 적이 있는가? 없었을 것이다. 왜냐하면 이미 아이의 삶은 수많은 '너'의 관계들을 통해 얻은 의미로 가득 채워져 있기 때문이다.

우리가 음악에 감동할 땐, 그 음악의 객관적으로 훌륭한 속성 때문에 감동하는 게 아니다. 그 음악이 내게 말을 걸어올 때, 마음이 나도 모르게 움직이는 것이다. 우리가 어떤 게임을 즐길 때, '객관적으로' 게임의 속성을 판단해서 즐기지 않는다. 그냥 순식간에 푹 빠져서 모험을 즐긴다. 마치 친구를 사귀듯, 어느 순간 애정 어린 관계를 맺었고 재미를 발견한 것이다. 우리는 친구를 사귈 때 그가 '객관적으로' 좋은 자질을 가졌다고 생각해서 단짝이 된 게 아니다. 한 사람을 그 자체로, 있는 그대로 받아들였기에 여러 객관적 조건을 뛰어넘어 마음이 통했던 것이다.

어린 시절 이런 경험들은 우리의 마음을 의미로 가득 채웠다. 삶의 의미는 굳이 일부러 질문하고 고민할 것, 다른 어딘가에서 찾아야 할 것이 아니라, 이미 일상 곳곳에서 끊임없이 흘러들고 생성되는 것이었다. 많은 사람이 청소년기 혹은 성인이 된 후에 처음으로 삶의 의미를 진지하게 고민하게 되는 건 우연이 아니다. 단지 지적 능력이 더 발달해서 벌어지는 일도 아니다. 수많은 대상의 영혼을 있는 그대로 마주하고, 대화를 나누었던 충만한 경험이 점차 줄면서 벌어지는 일이다. 그때 우리는 무언가 잃어버린 듯한 느낌을 받고, 그 상실감의 정체에 대해 질문을 던질 수밖에 없게 된다.

## 아이의 마음 한 조각을 간직하라

그렇다면 이미 어른이 되어버린 우리는 어떻게 삶을 다시 충만하게 만들어야 할까? 다시 완전한 어린아이의 시선으로 돌아가야 할까? 그건 불가능하다. 슬프게도, 우리는 결코 마놀린이나 제제처럼 순수한 마음으로 돌아갈 수 없다. 성장이란 객관적 비교를 통해 대상을 분석할 수 있게 됐다는 뜻이다. 그래야 자기 행동에 책임을 지고 성숙한 사회 구성원으로 세상을 살아갈 수 있다. 그런 능력을 버리고 우리 주변 모든 것과 '너'의 관계를 맺는 아이의 삶으로 되돌아간다면, 사회 질서가 깨져버릴 것이다. 『나의 라임오렌지나무』의 한 장면을 떠올려 보자. 제제는 한 학교 선생님이 인기가 없어 늘 꽃병이 비어 있는 게 마음이 아파, 이웃집에서 꽃을 훔쳐다가 선생님의 꽃병에 꽂아준다. 이는 분명 순수하고 아름다운 마음에서 한 행동이다. 하지만 모두가 그런 마음으로 아끼고 사랑하는 사람의 행복을 위해서만 행동한다면? 모두가 불행해지고 말 것이다.

결국 우리가 추구할 길은 어른의 마음으로 살아가되, 아이의 마음의 한 조각을 가슴 한편에 품는 것이다. 복잡한 이 세상을 살아가며 수많은 현실적인 문제들을 해결하기 위해선 대상의 속성을 객관적으로 파악하는 어른의 관점이 꼭 필요하다. 아이의 관점으로만 세상을 산다면, 결코 세상을 잘 살아갈 수 없을 것이다. 앞서 아이들의 마음이 의미로 가득 차 있다고 했지만, 그렇다고 모든 아이가 행복한 건 아니다. 세계 곳곳에는 여러 환경적·선천적 조건으로 상처받고 고통에 시달리며 살아가는 아이가 많다. 그런데 아이는 자력으로 그 불행을 극복할 수 없다. 자신이 처한 조건을 바꾸기엔 능력이 부족하다. 아이를 도울 수 있는 건 어른뿐이다.

제제 역시 결코 혼자 힘으로 자신이 처한 어려운 상황을 극복하지 못한다. 아무리 나무와 대화하며 슬픔을 풀어도, 매일 가족의 구박과 핍박에 시달리는 객관적인 조건은 한 아이가 짊어지기에는 너무 버겁다. 그때 제제에게 힘이 된 것이 이웃집 마누엘 아저씨다. 그는 제제를 친아들처럼 대하며 진실한 사랑을 보여준다. 가족과 이웃들이 장난기 심한 제제를

'악마'라고 부르며 구박할 때, 마누엘만큼은 제제가 누구보다 감수성이 풍부하고 똑똑한 아이라며 긍정적 가능성을 알아본다. 그리고 제제와 많은 시간을 함께하며 정신적으로 물질적으로 보살핀다.

마누엘은 제제를 심한 장난꾸러기, 학대받는 불쌍한 아이 등 일부 속성으로 판단하지 않고, 그의 다양한 모습과 가능성을 그 자체로 받아들이고 사랑한다. 또한 적절한 조언과 도움을 통해 제제가 처한 현실적 문제를 해결할 방법을 찾는다. 즉, 제제와 '너'의 관계를 맺으면서도, 객관적 시선에서 상대가 처한 조건을 개선하기 위해 노력하는 것이다.

마누엘의 모습은 우리가 추구할 균형 잡힌 사랑이 어떤 것이어야 하는지 잘 보여준다. 어쩌면 마누엘은 제제의 모습에서, 유년기의 자기 모습을 봤을 수도 있다. 순수한 제제와의 교류를 통해, 어른이 된 후 잊고 있었던 아이 시절의 자신을 보듬었을지도 모른다. 이처럼 아이의 마음 한 조각을 잊지 않고 간직할 때, 우리는 좀 더 성숙한 어른이 될 수 있다. 그리고 그럴 때, 비로소 우리는 사랑의 의미를 찾고 그 가능성을 가장 아름답게 실현할 수 있다.

## 5.
## 당신의 사랑이 괴로운 이유

태초에 하나님이 천지를 창조하셨다.
땅이 혼돈하고 공허하며, 어둠이 깊음을 덮고 있었다. …
하나님이 말씀하시기를 "빛이 생겨라" 하시니, 빛이 생겼다.
_『성경』「창세기」1장 1절~3절(새번역)

우리는 사랑에 대한 탐구를 이어가고 있다. 그런데 이 작업에서 한 가지 조심할 점이 있다. 바로 탐구 대상인 사랑이 지닌 일부 성질은 탐구와는 완전히 대척점에 있다는 것이다. 즉, 우리는 사랑의 다양한 정체를 이해하려 하고 있지만, 자칫 그 과정에서 길을 잃어버릴 위험이 있다. 따라서 우리의 탐구는 매우 신중히 진행될 필요가 있다. 이 장에서는 그 이유를 살펴볼 것이다.

철학자 에마뉘엘 레비나스는 서양 학문 전통에 폭력적인 관점이 깃들어 있다고 주장했다. 특히 그는 탐구 활동을 빛에 비유한다는 사실에 주목한다. 서구권 언어에서 '빛을 비추다'라는 단어는 '설명하다'라는 뜻을 함께 갖는 경우가 많다. 영어의 'illuminate', 프랑스어의 'éclairer', 독일어의 'erläutern' 모두 빛과 관련된 단어다. 또한 계몽을 뜻하는 'enlightenment', 'lumière', 'Aufklärung' 등의 단어들도 마찬가지다. 서양에서 진리는 항상 밝은 빛에 비유된다. 서울대학교의 표어는 라틴어 문구 'veritas lux mea'로 '진리는 나의 빛'이란 뜻이다. 이런 전통은 세계 각지에서 흔하게 찾아볼 수 있는데, 한국어로도 진리를 '밝힌다'라고 표현한다.

그런데 레비나스는 이러한 관념을 폭력성과 관련지었다. 어둠의 입장에서 빛은 일종의 폭력이다. 빛을 비춘다는 건 곧 어둠을 몰아낸다는 뜻이다. 빛과 어둠의 관계가 지닌 중요한 특성 중 하나는 빛을 비추면 어둠으로서는 어찌할 방도가 없이 쫓겨난다는 것이다. 블랙홀 같은 특수한 상황이 아닌 이상 말이다.

## 빛은 정말 어둠을 몰아내는가?

레비나스는 이렇게 말한다. "빛을 비추는 것은 존재로부터 저항을 제거하는 행위다. 왜냐하면 빛은 지평을 열고 공간을 비우기 때문이다. 빛은 무로부터 존재를 이끌어낸다."

어두운 방에 불을 켠다고 생각해보자. 불을 켜자마자 어둠은 사라진다. 어둠에게는 저항력이 없다. 방금까지 방안을 채우고 있다가도 빛에 의해 순식간에 비워진다. 어둠이 사라진 그 빈자리를 새로이 나타난 밝음이 가득 채운다. 어둠은 빛 앞에서 속수무책이다.

레비나스는 지식을 빛에 비유하는 전통이 세상 만물을 지배 대상으로 바라보는 관점과 연관 있다고 주장했다. 기독교에서 최초의 인간 아담은 신으로부터 만물의 이름을 붙이고 지배할 권한을 부여받는데, 지배란 곧 대상의 저항력을 빼앗는 일이다. 지배자는 피지배자를 자신과 동등한 존재로 보지 않는다. 피지배자의 권리와 자유는 언제든 지배자의 마음대로 침해될 수 있다. 마치 빛과 어둠의 관계처럼 말이다.

근대 서양의 많은 계몽주의자는 진리의 밝은 빛을 통해 무지몽매한 어둠을 몰아내야 한다고 생각했다. 그들은 인류 문명의 역사가 지식과 기술을 통해 자연 상태의 혼돈과 어둠을 극복하는 과정이라고 믿었다. 그들은 자연을 인간과 동등한 존재가 아니라, 인간에 의해 정복당하는 대상으로 보았다. 자연에 대해 더 많은 지식을 얻어야 하는 이유는 자연을 존중하기 위해서가 아니라, 자연을 인간 지식의 힘에 복속시키고 효율적으로 착취하기 위해서였다.

이런 사상적 흐름 안에서, 빛의 이름 아래 수많은 어둠이 뿌리 뽑히고 착취당했다. 근대 서구 제국주의 열강의 폭력적인 식민 지배는 자신을 빛으로 여기고 미지의 영역을 어둠으로 여기는 관념과 연결되어 있다.

빛과 어둠의 개념은 일상에도 깊숙이 자리 잡고 있다. 우리는 기분이 나쁜 상태를 '먹구름이 껴 있는' 날씨에 비유한다. 또한 삶의 의미나 목표를 잃고 방황할 때 '어둠에 휩싸여 있다'는 표현을 쓴다. 그럴 때 우리가 원하는 건, 밝은 빛이 들어와 어둠을 몰아내는 것이다. 어두컴컴한 심연 속에 갇혀 드러나지 않았던 의미, 진리, 가능성, 희망, 행복의 단서 등이 별안간 자기 모습을 밝게 드러내기를 바라는 것이다.

얼핏 생각하기에 당연한 것 같다. 하지만 이는 앞서 이야기한 지배의 관점과 무관하지 않다. 우리는 삶을 내가 원하는 방향대로 다루기를 바란다. 나의 의도와 계획에 맞게 삶의 길이 '밝게' 조망되기를 바란다. 마치 맑은 날 산 정상에서 도시를 내려다보듯, 모든 것이 환하고 정갈하게 드러나기를 원한다. 우리는 삶의 의미를 찾고 싶어 한다. 그런데 이때 의미는 우리에게 '보여야' 한다. 결코 어둠에 휩싸여 있어서는 안 된다. 의미는 자신의 발가벗은 모습을 드러내야 하며, 우리는 그 위치를 밝히고, 움켜쥐고, 장악하기를 원한다. 그러지 않고선 결코 만족하지 못한다. 어둠은 불완전함의 상징이기에, 이를 몰아내고 최대한 구석구석을 밝게 비춰야 비로소 완전하고 안정적인 상태가 될 것 같다.

이러한 관점이 두드러진 영역이 바로 여행이다. 사람들은 여행을 통해 새로운 경험을 하고 싶어 한다. 현대사회에서 정복 전쟁은 쇠퇴했지만, 사람들은 여전히 여행을 통해 미지의 땅을 정복하는 것과 아주 비슷한 경험을 추구한다. 여행을 통해 어둠의 영역을 밝게 만들기를 원한다. 어두운 무지를 몰아내고, 공허를 환하게 채우고, 삶에 드리운 먹구름을 걷어내기를 원한다. 현대의 여행은 성지 없는 성지순례다. 현대인들은 여행을 통해 자신의 삶을 밝혀줄 나만의 빛, 나만의 신을 찾고자 한다.

## 그 사람의 어둠을 마주하라

그런데 이 이야기가 도대체 사랑이라는 주제와 무슨 상관이 있을까? 나는 사랑을 빛으로 바라보는 관념에 반대하려 한다. 물론 사랑은 우리 삶을 밝게 만드는 역할을 할 수 있다. 그러나 사랑이 작동하는 방식은 빛이 어둠을 몰아내는 지배적 행위와는 거리가 멀다. 오히려 사랑은 누군가의 어둠을 그 자체로 마주하는 것을 전제로 한다.

사랑은 지배가 아니다. 지배는 상대방을 힘으로 찍어 누르는 행위다. 지배의 대상은 나보다 더 약한 존재, 나의 요구에 반항할 자유를 빼앗긴 존재다. 반면 사랑은 서로 동등함을 전제로 한다. 사랑의 대상은 나에게 맞설 고유의 힘을 가진 존재, 나의 요구를 거부할 수 있을 뿐 아니라, 오히려 내게 무언가 요구할 권리를 가진 존재다.

여기서 동등하다는 건 물리적인 힘의 동등함이 아니라, 그것보다 더 중요한 자유와 권리의 동등함이다. 부모와 아이의 물리적 힘은 동등하지 않다. 하지만 부모가 아이를 지배가 아닌 사랑의 대상으로 바라보는 이유는, 자기 아이를 어른만큼 동등한 자유와 권리를 가진 존재로 여기기 때문이다. 상대를 지배하려는 사람은 자신의 힘이 충분히 강할 경우 아무런 제한 없이 상대에게 그걸 행사한다. 반면 상대를 사랑하는 사람은 힘이 충분한 경우에도 그걸 사용하는 데 근본적 제한을 느낀다. 힘이 있지만 무력한 상태. 이것이 사랑의 본질을 이루는 핵심적인 경험이다. 우리는 사랑하는 대상 안에서 나의 빛이 결코 닿을 수 없는 무한한 심연을 발견한다. 모든 사랑은 그런 심연을 마주하는 데서 시작한다.

그리고 사랑은 상대의 무한한 심연을 나의 빛에 의해 정복할 대상으로 여길 때 쇠퇴하기 시작한다. 상대의 모든 것을 내 손에 움켜쥘 수 있으리라 여기고, 상대의 미래를 억지로 나의 미래에 통합시키려 할 때, 사랑은 지배의 시도로 돌변한다. 상대를 내 취향이나 성격, 삶의 계획 같은 것들에 맞출 수 있다고 생각하고, 맞춰야 마땅하다고 여기는 것. 이 '할 수 있음'과 '마땅함'이 잠재적으로 수많은 갈등의 원인이 된다. 사랑하는 사람 때문에 미치도록 괴로울 때가 있다. 그 괴로움은 내 힘의 한계를 체험할 때 생긴다. 일이 뜻대로 되지 않거나, 간절히 욕망한 것을 손에 넣을 수 없을 때, 우리는 괴롭다. 내가 원하는 대로 사랑하는 이와의 관계가 작동하지 않을 때 괴롭다. 예컨대 일주일에 한 번만 데이트하고 싶은데 상대는 매일 만나기를 원하면 괴롭다. 결혼하고 싶은데 상대가 완강히 거부하면 괴롭다. 대화로 갈등을 해결하고 싶은데 상대는 입을 꾹 닫고 있으면 미치도록 가슴이 답답하다. 우리는 이런 순간들에 내 힘의 절대적인 한계를 체험한다. 아무리 가깝고 사랑하는 연인이라도, 상대는 종종 나의 통제력을 훌쩍 뛰어넘는다. 내 요구를 거절하고, 내 규칙을 위배하고, 내 이상을 파괴할 수 있다. 그뿐만 아니라 내게 무리한 요구를 하고, 오히려 자기 규칙과 이상을 강요하기도 한다.

우리는 사랑이란 관계 안에서 나에게 맞서는 상대의 힘을 체험하며, 내 힘의 한계를 경험한다. 그리고 내 힘을 좌절시키는 상대에게 분노한다. '너는 왜 나한테 항상 그런 식이야? 어떻게 나한테 그런 말을 할 수 있어? 왜 사과 안 해?' 내가 원하는 대로, 내가 생각하는 방향대로, 내가 요구하는 방식대로 행동하지 않는 상대를 보면 화가 난다. 그리고 그럴 때, 상대방이 다른 사람 같으면 얼마나 좋을까 생각하곤 한다. 현실의 인물이든 가상의 인물이든, '내 뜻대로' 움직여줄 것 같은 누군가를 떠올리며 상상한다. '그런 사람이라면 내게 이런 무력감을 주지 않을 텐데. 내 요구를 들어줄 텐데. 아니, 요구하기 전에 이미 내가 원하는 모습을 하고 있을 텐데.'

하지만 모든 사랑의 관계는 필연적으로 괴로움이 따른다. 때로 그 괴로움은 상대의 명백한 잘못으로 생기기도 한다. 상대가 폭력을 쓰거나, 나를 멸시하거나, 내 주변의 다른 사람들을 모욕하면, 누구라도 몹시 괴로울 수밖에 없다. 이런 종류의 괴로움은 무엇보다 상대가 잘못을 수정해야 없어진다. 한편, 어떤 종류의 괴로움은 내 욕망과 상대의 욕망 사이에 존재하는 어쩔 수 없는 차이 때문에 생겨난다. 상대가 명백한 잘못을 저지른 게 아니라, 그저 취향, 성격, 목표, 가치관 등이 서로 일치하지 않아서 갈등이 생기는 경우다. 만약 이런 불일치를 없애려고 내 마음대로 힘을 휘두른다면, 그 관계는 지배의 관계가 된다. 주인은 노예가 말을 듣지 않으면, 협박이나 물리력을 써서라도 자기 말을 듣게 만든다. 하지만 그런 관계가 정말 사랑일까?

진정으로 사랑하는 사람은 결코 그런 것을 원하지 않는다. 상대를 바꾸고 싶은 욕망이 있어도, 그걸 일방적으로 요구해 상대를 나의 피지배자로 만들기를 원하지 않는다. 사랑하는 사람은 상대와 동등하기를 원한다. 동등하다는 건 결국 내 욕망을 상대에게 강요할 권리가 없다는 뜻이다. 내가 원하는 대로 모든 일이 진행되지 않아도 어쩔 수 없이 받아들여야 할 때가 있다는 뜻이다. 비록 때때로 괴로운 상황이 생겨나더라도 말이다.

## 사랑은 정복하는 것이 아니다

그렇다면 괴로움을 가만히 참고만 있어야 하나? 아니다. 우리는 분명 무언가를 시도할 수 있다. 전문가들은 대화를 시도해야 한다고 말한다. 그렇다면 대화란 무엇인가? 그저 말이 오간다고 반드시 대화가 이뤄지는 건 아니다.

레비나스는 독특한 주장을 하나 펼쳤다. 바로 모든 대화가 일종의 변명이라는 것이다. "변명은 대화의 본질에 속한다. 변명 속에서 나는 나 자신을 주장할 뿐만 아니라, 초월적인 것에 고개를 숙인다." 대화는 상대가 자기 나름의 입장을 지닌 존재라는 것을 전제로 한다. 대화는 단지 내 할 말만 하고 끝나는 게 아니라, 상대와 대답을 주고받는 것이다. 그 과정에서 나는 상대의 반응을 염두에 두고 말을 던진다. 상대의 기분이나 성향, 생각 등을 신경 쓰면서 할 말을 선택한다. 이런 특성은 우리가 변명할 때 가장 두드러지게 나타난다. 잘못을 저질러서 나 자신을 변호할 때, 우리는 극도로 예민하게 상대의 입장을 신경 쓴다. 하지만 꼭 변명이 아닌 평범한 대화를 할 때도, 정도의 차이는 있지만 상대를 신경 쓰는 것은 매우 중요하다.

그런데 상대를 신경 쓰는 것에도 여러 종류가 있다. 종종 우리는 전략적으로 상대를 신경 쓴다. 예를 들어서, 설교, 선동, 아첨, 협상 등을 할 때 우리는 아주 민감하게 상대의 반응을 살피는데, 그 이유는 순전히 내 목적을 이루기 위해서다. 이런 활동은 마치 어두운 구석구석으로 불빛을 들이미는 행위와 같다. '내' 입장에서 상대를 파악하고, 상대를 변화시킴으로써 '나의' 가능성을 실현하는 것이 핵심이다.

레비나스는 이런 활동은 진정한 대화가 아니라고 말한다. 그는 오직 상대가 내가 어찌할 수 없는 존재라는 것을, 그 사람이 내 힘을 초월해 존재하고 내 손아귀를 벗어나 있다는 걸 철저히 인정할 때 진정한 대화가 이뤄질 수 있다고 말한다. 즉, 나의 빛이 닿지 않는 상대의 심연을 있는 그대로 마주할 때 비로소 대화가 이뤄진다는 것이다. 이러한 대화에서는 내 목적을 실현하는 것이 아니라, 오히려 그 좌절이 유일한 목적이 된다.

우리는 변명(apologie)이란 단어에서 사과(apology)라는 단어가 생겨났다는 것에 주목할 필요가 있다. 진정한 대화를 위해 우리가 할 일은 무엇보다도 사과인지도 모른다. 사랑하는 사람들의 대화를 가로막는 가장 큰 장애물은 사과를 주저하는 태도다. 왜 사과하기를 주저하는가? 내가 옳다고 느끼거나, 내 뜻대로 상대가 행동해야 한다고 믿거나, 지금 '지거나 밀리면' 내 기획에 어긋난다고 생각하기 때문이다. 그런데 사랑은 애초에 나의 모든 능력을 훨씬 넘어서는 존재와의 만남이다. 사과는 그 사실을 인정하는 첫 번째 관문이다.

이런 인정은 우리에게 좌절감을 준다. 하지만 그건 결코 부정적인 의미에만 머물지 않는다. 우리는 이 좌절을 통해 상대의 심연뿐만 아니라, 나의 심연 또한 발견한다. 그 속에서 '나 자신'을 잃어버린다. 내가 사랑하는 사람이 무한한 심연을 품고 있는 것처럼, 나 또한 그 누구에 의해서도 완전히 밝혀질 수 없는 깊은 어둠을 품고 있다. 그것은 언젠가 극복될 것이 아니라 내 존재 그 자체다. 우리는 이 어둠을 몰아낼 수 있을 것처럼, 혹은 몰아내야 하는 것처럼 생각한다. 불을 켠 방처럼, 모든 것이 환하게 내 시야에 들어와야 한다고 생각한다. 하지만 그런 인식은 우리 자신을 정복자인 동시에 피정복자로 만들고 만다.

## 사랑은 해방이다

사랑은 무엇인가? 이 끝없는 정복 전쟁으로부터의 해방이다. 사랑 안에서 우리는 내 의지가 영원히 좌절되는 것을 경험한다. 나의 빛에 의해 결코 정복될 수 없는, 상대의 무한한 블랙홀 같은 면모를 발견한다. 그걸 인정함으로써 우리는 처음으로 정복자의 관점에서 벗어날 수 있다. 모든 것을 밝게, 내 시야에 두려는 강박이 중단된다. 그리고 처음으로 나 자신의 무한한 심연을 있는 그대로 마주하게 된다. 그저 내 목적을 이루기 위한 전략적인 사과로는 안 된다. 오로지 철저한 좌절, 나와 상대방의 무한한 심연을 마주하고 인정하는 사과를 통해서만 깨달음을 얻을 수 있다.

지금까지 우리가 한 분석은 이 책의 아주 중요한 한계점을 하나 알려준다. 이 장의 서두에 밝힌 것처럼, 지적인 탐구 활동이란 대상에 빛을 비추는 전형적인 행위다. 그런데 사랑은 그런 시도의 필연적인 좌절과 어둠에 대한 인정을 전제로 한다. 한 마디로, 사랑을 탐구하려는 시도는 필연적으로 그 본질과 상극을 이룬다.

따라서 우리는 탐구를 통해 사랑의 모든 측면을 밝게 드러낼 수 있으리라 기대해서는 안 된다. 우리가 가진 지식의 힘이 부족해서가 아니다. 사랑은 본질적으로 빛에 저항하는 활동이기 때문이다. 사랑을 순전히 '내' 이해의 대상, 정복의 대상으로 여긴다면, 오히려 사랑에 대한 이해로부터 가장 멀어지게 될 것이다.

6.

# 낭만적 순간의 진실

아무것도 모르는 자는 아무것도 사랑하지 못한다.
대상에 대한 고유한 앎이 많아질수록 사랑은 더 위대해진다.
_파라켈수스

철학자도 한 명의 사람일 뿐이다. 빛나는 학문적 성과를 거둔 위대한 철학자도 사생활은 평범하기 그지없거나, 오히려 아주 엉망진창인 경우도 많다.

"신은 죽었다"라는 도발적인 선언으로 유명한 철학자 프리드리히 니체는 대담한 사상과 다르게 사랑 앞에선 쩔쩔맸다. 그는 평생 오로지 한 여인만을 깊이 사랑했는데, 그 때문에 매우 독특한 관계에 휘말렸던 적이 있다. 그가 사랑했던 이는 빼어난 미모와 지성으로 수많은 명사와 지식인들의 마음을 사로잡았던 여성 루 살로메였다.

니체는 서른여덟 살 때 친구 파울 레의 초대로 이탈리아 로마에 갔다가, 살로메를 처음 만난다. 당시 그녀의 나이는 스물한 살이었다. 니체와 레는 모두 살로메에게 반했는데, 둘의 구애를 받던 살로메는 이상한 제안을 한다. 바로 육체적 관계없이 정신적 관계만 나누며, 셋이 함께 지내자는 것이다. 니체는 이 제안을 수락한다.

그런데 살로메와 함께 많은 시간을 보내던 니체는 애초 약속과 달리 깊은 사랑에 빠지고 만다. 그래서 자신보다 열일곱 살 어린 그녀에게 두 번이나 청혼하지만, 모두 대차게 거절당한 후 자의 반 타의 반 이상한 삼자관계를 몇 달 동안 유지한다. 니체는 괴로웠지만, 그래도 살로메와 계속 함께하기를 원했다. 이 소식을 들은 니체의 여동생은 펄쩍 뛰었지만, 니체는 아랑곳하지 않고 셋이 이탈리아 곳곳을 여행 다녔다. 하지만 아슬아슬한 줄타기 같은 관계는 그리 오래가지 않았다. 살로메는 니체에게 배울 수 있는 건 다 배웠다고 판단했고, 니체의 집착에도 지쳤다. 어느 날, 그녀는 레와 함께 몰래 베를린으로 가버리고 만다. 그리고 결국에는 레와도 결별하고, 다른 남자와 결혼한다. 이 소식을 들은 니체는 크게 상심하고 화를 냈다.

니체는 자신의 철학에 비해 미련하고 초라한 사랑을 했다. 한 영역에서의 천재가 다른 영역에서는 바보였던 전형적인 사례다. 하지만 생각해보면, 우리도 사랑 때문에 바보 같은 행동을 많이 한다. 돈을 쏟아붓고, 꿈을 버리고, 때로 목숨까지 포기한다. 사랑에 푹 빠진 사람은 다른 사람이 도저히 이해하지 못할 행동도 스스럼없이 한다. 니체의 경우처럼, 가장 현명한 사람들도 예외가 아니다. 사랑에 과도한 환상을 가지면 누구나 쉽게 미련한 판단을 내린다. 어떻게 해야 이런 일을 피할 수 있을까? 그러려면 먼저 사랑에 대한 환상이 어디서 비롯됐는지 그 기원을 추적해야 한다.

## 사랑이 꼭 로맨틱해야 할까?

아직 연애를 시작하기 전의 일이다. 크리스마스를 맞아, 나는 J에게 빨간색 목도리를 선물했다. 당시 인기가 있던 〈지붕 뚫고 하이킥〉이라는 시트콤에는 남자 주인공이 여자 주인공에게 빨간 목도리를 선물하는 장면이 나왔다. 그 장면을 본 나에게 빨간 목도리는 로맨틱한 사랑의 상징이 됐고, 난생처음 이성에게 주는 선물로 선택했다.

당시 나는 한겨울에도 매일 농구를 하며 땀 냄새 풍기는 어린 소년이었다. 누나는 내게 홀아비 냄새가 난다며 자주 핀잔을 주곤 했다. 그래서 나는 선물에 기분 좋은 냄새가 나는 향수도 뿌렸다. 사실 그다지 성공적인 선물은 아니었다. J는 색깔이 별로 취향에 안 맞았는지 그 목도리를 자주 두르지 않았다. 나중에 물어보니, 당시에는 '음…. 빨간색?' 이런 생각이었다고 한다. 다행히 선물에 담긴 마음은 통했는지, 우리는 몇 주 후에 연애를 시작했다. 패션 감각의 한계를 넘어선 로맨스의 승리였다.

2000년대까지만 해도 우리 사회에는 낭만을 중시하는 요소가 아주 많았다. 노래방 모니터에는 연인을 구하기 위해 자신의 모든 걸 포기하는, 비장한 사랑을 다룬 뮤직비디오가 항상 나왔다. 왜 그랬는지는 모르겠다. 어쨌든 당시의 감성이 그랬다. 그때는 온갖 비극이나 죽음으로도 갈라놓을 수 없는 '순정'에 대한 공감대가 있었다. 영화도 진중한 사랑을 다루는 로맨스 영화가 많았다. 보고 나면 눈물을 흘릴 수밖에 없는 그런 영화 말이다.

그런 문화적 산물들을 많이 접해서 그런지, 아니면 그냥 사춘기여서 그랬는지, 어쨌든 어릴 적 내게 사랑은 반드시 로맨틱한 것이어야 했다. 요즘에 '스윗함'이라고 불리는 세심한 배려 같은 게 아니라, 뭔가 훨씬 더 강도 높은 감정을 불러일으키는 것이어야 했다. 진부한 일상에서 벗어나, 우리를 더 높은 차원으로 고양하는 뭔가가 있어야 진정 로맨틱한 사랑이 실현될 것 같았다.

플라톤의 『향연』에는 사랑에 관한 재미있는 이야기가 나온다. 신화에 따르면, 원래 인간은 지금보다 훨씬 더 완전한 존재였다. 길쭉하게 생긴 지금 모습과 달리 태곳적의 인간은 공 모양으로 둥그스름했다. 고대인들은 한쪽으로 치우치지 않은 둥근 모양이 기하학적으로 완전함에 가깝다고 여겼다. 인간의 모든 기관은 지금보다 두 배로 많았다. 머리도 두 개, 코도 두 개, 입도 두 개, 팔과 다리는 네 개씩이었다. 그런데 그들은 자신의 우월한 능력에 심취했고, 신들의 영역을 침범하려는 마음을 먹었다. 이에 분노한 제우스 신은 번개를 내려 인간을 둘로 쪼개버렸다. 이렇게 해서 우리가 아는 길쭉한 형태의 인간이 됐다. 둘로 쪼개진 인간의 능력은 이전보다 훨씬 더 약해졌다. 그 이후로 인간은 자신의 나머지 반쪽을 찾아 이전의 완전한 상태로 돌아가고자 헤매게 되었다. 그게 바로 우리가 아는 '또 다른 반쪽'으로서의 타인에 대한 욕망, 즉 사랑이다.

이 이야기와 로맨틱한 사랑의 연관성은 명확하다. 이 이야기에 따르면 인간은 기본적으로 결핍의 상태에 놓여 있다. 오직 잃어버린 반쪽과 다시 하나가 됨으로써 비로소 결핍을 해소한 상태, 더욱 강하고 아름다운 상태에 이를 수 있다. 즉, 사랑은 인간을 혼자 있을 때보다 몇 단계 더 높은 완전한 상태로 이끈다.

우리가 생각하는 로맨틱한 사랑의 원형이 바로 이 완전성의 관념 안에 들어 있다. 신데렐라의 운명적인 사랑은 가난과 고된 노동, 핍박이 가득한 현실을 벗어나 더 완벽한 삶에 이르게 해주는 것이다. 연인이 불의의 사고로 세상을 떠나면서 마무리되는 전형적인 감성 로맨스 영화에서 주인공은 죽음도 갈라놓을 수 없는 연인과의 영원한 정서적 합일에 이른다. 이 외에도 우리가 흔히 로맨틱하다고 여기는 사랑은 모두 결핍을 채워 더 완전하고 고양된 상태로 상승한다는 관념과 연결된다. 사랑하는 사람을 구하기 위해 목숨을 바치는 〈타이타닉〉 같은 영화가 대표적인 예다.

정도의 차이는 있지만, 어쨌든 모든 로맨틱 러브는 완전성을 향한다는 공통점이 있다. 사랑을 통해 무언가가 부족한 일상에서 벗어나 더 높은 차원으로 도약할 수 있다는 이상적인 관념이 바로 로맨틱 러브의 기초다.

### 낭만의 표면에 도사린 무서운 진실

그런데 이런 로맨틱한 사랑은 현대에 들어 많은 비판을 받았다. 이는 '완전성'에 대한 회의적 시각과 밀접한 연관이 있다. 현대사회에 접어들수록 사람들은 완전성이라는 것이 과연 가능한지, 그걸 추구하는 것이 우리에게 정말로 이로운지 의문을 품기 시작했다. 그 이유는 역사적으로 완전성이란 관념이 인간을 계속 엉뚱한 목적지로 이끌었기 때문이다. 얼핏 보면 완전성에 대한 열망은 인간에게 긍정적인 영향을 끼칠 것 같지만, 실제로는 꼭 그렇지만은 않았다.

완전함에 대한 이상은 세상을 '서열'로 나누게 했다. 더 높은 완전성을 위해선 상대적으로 '열등'한 것을 제거하고, '우월'한 것을 우대해야 한다. 예를 들어서, 파시즘은 '완전한' 사회를 건설하기 위해 국가 전체의 단합을 개인의 권리보다 우선했다. 그 과정에서 '불완전'하거나 '반동적'이라고 여겨지는 장애인, 이민족, 예술가들을 추방하고 학살했다. 홀로코스트가 그 가장 극단적이고 대표적인 사례다. 이처럼 완전함에 대한 열망은 그 이상을 추구하기 위해 '문제로 보이는 것'을 탄압한다.

믿을 수 없겠지만, '로맨틱한 사랑'이란 관념이 발전하는 과정에도 비슷한 문제가 나타났다. 로맨틱한 사랑의 신봉자들은 사랑을 초월적 가치를 가진 것으로 이상화했다. 그들은 사랑에 신성한 이미지를 덧씌웠다. 일상적이고 평범한 영역을 무시하고, 더 특별하고 초월적인 영역에 진정한 사랑이 있다는 관념을 퍼트렸다. 그 결과, 우리 인생의 대부분을 차지하는 일상적인 삶, 평범한 감정과 행동은 사랑에서 비본질적이고 별로 중요하지 않은 것으로 격하되었다.

인간에 대한 다양한 각도의 이해가 활발히 이뤄지면서, 이런 낭만주의적 사랑의 관념은 많은 비판을 받았다. 특히 가장 과격한 비판을 가한 사람이 바로 바보 같은 사랑을 했던 니체였다. 그는 사랑 이외에도 우리가 사회로부터 학습한 수많은 낭만주의적 선입견을 깨뜨리려고 했다.

대표적으로 그는 학문이나 도덕에 대한 환상을 공격했다. 그는 고고한 정신의 산물로 여겨진 학문이나 도덕이 사실은 추악한 욕망의 산물이라고 주장했다. 학문과 도덕은 진리나 선을 위한 것이 아닌, 세계와 타인을 손아귀에 넣고 조종하려는 욕망이 표출된 것에 불과하다는 것이다. 비슷한 맥락에서 그는 사랑에 대해서도 이런 비판을 했다. "잠재워지지 않은, 잠재워질 수 없는 것이 내 안에 있다. 그것은 자신의 소리를 높이려 한다. 사랑을 향한 탐욕이 내 안에 있다. 그 탐욕은 똑같이 사랑의 언어로 말을 한다."

니체는 사랑과 탐욕이 잘 구별되지 않는다는 사실을 지적한다. 탐욕은 사랑이란 달콤한 언어를 몸에 두른 채 우리를 속인다. 사랑에 푹 빠진 사람에게는 자기 사랑이 순수한 것처럼 보인다. 저열한 탐욕이 아니라 고귀한 이상을 실현하는 것 같은 느낌을 받는다. 그래서 우리는 내 사랑의 행동이 남에겐 부적절할 수도 있다는 걸 상상하지 못한다. 부적절하기는커녕 아름답고 바람직하다고 느낀다. 이런 맥락에서 니체는 말한다. "한 사람을 향한 사랑은 야만이다. 그것은 다른 모든 것을 희생하면서 이뤄지기 때문이다."

우리는 때때로 사랑에 눈이 멀어 온갖 일을 저지른다. 다른 사람들에게 상처를 주거나, 남을 무시하며 우월감에 빠지기도 하고, 주변 상황이나 자기감정을 객관적으로 판단하는 능력을 잃어버리기도 한다. 똑같은 행동을 제삼자가 했다고 생각하면, 진상이라고 혀를 찰 것이다. 하지만 사랑에 빠진 입장에서 이 모든 것은 낭만이라는 이름 아래 정당화된다. 니체의 주장은 명확하다. 냉철한 시선에서 보면, 사랑에는 아름다운 모습만큼이나 추한 모습도 가득하다는 것이다.

인간 의식은 컴퓨터 화면과 비슷하다. 컴퓨터를 쓰는 사람은 지금 화면에 송출되는 이미지만 마주한다. 하지만 그 화면은 컴퓨터 내부에서 진행되는 아주 복잡한 소프트웨어와 하드웨어의 연산 작용의 산물이다. 마찬가지로, 인간의 의식은 지금 겉으로 드러나고 내가 인식하는 것보다 훨씬 더 다양한 요소가 작용한 결과물이다. 예를 들어서, 한 수학자가 수학

공식을 연구하며 기분 좋은 감정을 느끼는 이유는 단지 그가 수학적 진리를 사랑한다는 표면적 이유를 훨씬 넘어선다. 어쩌면 그는 어렸을 때 사람들의 인정을 받은 것에 희열을 느꼈을지도 모른다. 수학에 대한 순수한 열망만이 아니라, 사실 그 기저에는 남에게 인정받고 싶은 욕망이 더 크게 작동하고 있을 수도 있다. 물론 수학자는 실제로 이 사실을 계속 모르고 살 수도 있다. 이런 무의식적 필터링의 위력이 약해질 때는 오직 충격적인 좌절을 맛볼 때다.

어쩌면 니체는 사랑에 처절하게 실패했기에, 달콤한 환상 너머에 있는 탐욕스러운 본질을 꿰뚫어 볼 수 있었을 것이다. 사랑하는 사람이 매몰차게 떠났고 자신의 사랑이 너무나 볼품없는 결말을 맞이했기에, 사랑이란 달콤한 환상에서 벗어날 수 있었을 것이다. 앞뒤 안 보고 흠뻑 빠져들 사람이 더 이상 없었기에, 그는 거리를 두고 사랑을 냉정하게 분석할 수 있었으리라.

## 사랑의 진정한 조건

우리 사회에 널리 퍼져 있는 로맨틱한 사랑은 이렇게 말한다. '좋은 곳에서 오붓한 데이트를 하며 만족감을 느끼는 것이 사랑이다. 깜짝 선물을 주고받으며 행복할 때, 우리는 진정한 사랑을 경험한 것이다. 도파민이 분비되는 강렬한 육체적·정서적 교감이 이뤄진다면, 그야말로 완벽한 사랑을 하고 있는 것이다!'

로맨틱한 사랑은 이런 이상화된 사랑의 표면에만 집중하면서, 그 배후에 있는 다양한 과정에는 별 관심이 없다. 하지만 냉정하게 거리를 두고 보면, 이런 것들이 사랑의 본질은 아니다. 정기적인 데이트나 깜짝 이벤트가 없어도 도파민이 강렬하게 분비되지 않아도, 충만한 사랑을 하는 이들도 있기 때문이다. 우리가 특정한 로맨틱한 순간을 통해 결핍이 채워지는 느낌을 받는 이유는 다양한 생물학적, 사회적, 문화적 학습에 있다. 우리가 꽃다발과 편지와 함께 고백을 받거나, 눈부시게 아름다운 파리의 센 강변을 산책하며 눈물이 날 듯한 만족감을 느끼는 것은 그동안 수많은 책, 영화, 드라마, 주변 사람들의 이야기를 통해 그런 낭만적 순간에 대한 이미지를 배웠기 때문이다.

이러한 고찰은 낭만적 순간의 베일을 벗긴다. 로맨틱한 사랑은 개인적이고 특별한 경험이며, 우리를 더 완전하고 초월적인 영역으로 나아가게 하는 느낌을 줄 뿐, 실제로는 아니다. 그것은 너무나도 현실적인 조건에 뿌리를 내리고 있다. 나도 모르는 새 경험하고 학습한 보편적이고 일반적인 요소들이, 낭만적이고 특별해 보이는 '순간'을 떠받치고 있다.

내가 빨간 목도리를 통해 로맨틱한 사랑을 실현할 수 있다고 믿었던 이유는, 당시 빨간 목도리가 등장하는 시트콤에 몰입해 있었기 때문이다. 당시 나는 사춘기였고, 그 시트콤은 전 국민적 인기를 끌고 있었다. 이러한 생물학적, 사회적 조건이 내 '로맨스'를 구성하고 있었다.

로맨틱한 사랑이 고유하고 특별한 것이 아니라 특정한 조건에서 생겨났다는 사실을 알면, 그것의 현실적인 모습이 보인다. 내가 주체적으로 빨간 목도리를 선물한 게 아니란 걸 알면, 환상이 깨질 수 있다. 하지만 그렇다고 로맨틱한 사랑의 아름다움이 완전히 사라지는 건 아니다.

오히려 사랑을 현실적 관점에서 바라봄으로써 더 감사함을 느끼게 될 수 있다. 로맨틱한 사랑은 나와 상대를 둘러싼 모든 조건을 양분으로 삼아 어렵게 피어나는 한 송이 꽃과 같다. 좋은 사랑을 하기 위해서는 그것의 짜릿한 겉모습, 달콤한 결과물만 주목하지 말고, 그 배후에 놓인 것들을 이해하고 감사할 수 있어야 한다. 나와 상대방은 어느 한순간 갑자기 열렬하게 사랑하게 된 게 아니다. 아주 길고 험난한 역사적 과정과 우연과 필연의 수많은 조건 속에서 비로소 기적과도 같이 하나의 아름다운 관계를 피워낸 것이다.

우리들의 가장 소중한 순간은 현실을 초월한 이상적 영역에 있는 것이 아니다. 로맨틱한 순간 역시 누군가의 이상 속이 아닌, 어디까지나 우리가 두 발을 뿌리내리고 숨 쉬며 살아가는 현실을 기반으로 피어난다.

## 7.
## 우리는 어떻게 변해가는가?

현실이란 무엇일까요? 자연스럽다는 건 뭐죠? 저와 예전에
함께 일하던 갤러리스트가 아들을 뉴욕에 처음 데려갔는데
아들이 그러더래요. "와, 여기 〈GTA〉 같다."
제가 하루 여덟 시간씩 〈세컨드 라이프〉라는 게임을 할 때,
한번은 현실에서 아름다운 노을을 봤어요.
근데 〈세컨드라이프〉에서 봤던 노을이 떠오르더라고요.
우리는 이런 시대에서 살고 있어요.
스크린 앞에서 너무 많은 시간을 보내다보니,
온라인에서의 가상적 삶이 때로 스크린 밖의 물리적 삶보다도
우리의 정신에 더 큰 의미를 갖는 거죠.

**_존 라프만**

나는 혼자였던 적이 거의 없다. 운 좋게 화목한 가정에서 자랐다. 친구 관계도 비교적 원만했다. 중학생 때부터 연애를 했다. 대학에 가서도 서울에 계신 할머니와 함께 살았다. 군대에서도 친절한 사람들과 북적북적 재밌게 생활했다. '혼자'를 경험하기에는 항상 사람들과 가까운 편이었다.

물론 혼자라고 느끼는 감정이 반드시 사람들과의 물리적 거리에 의해서 결정되는 건 아니다. 어떤 사람은 수많은 사람과 가까이 있을 때도 외로움과 고립감을 느낀다. 반면, 어떤 사람은 외딴섬에 혼자 떨어져 있어도, 누군가와 계속 함께 있다고 여길 수 있다. 이런 상태를 결정짓는 요인은 매우 복잡하다. 어떨 때는 물리적 거리보다 마음의 거리가 결정적인 역할을 한다.

## 처음 겪은 혼자라는 기분

내가 원초적인 고립감을 경험했던 때는 J가 학업 때문에 독일의 다른 소도시로 며칠간 여행을 떠났을 때다. 나는 혼자 베를린 외곽의 작은 아파트에 남아 시간을 보내게 됐는데, 하필이면 그 시기에 할 일도 별로 없었다. 제출 기한이 보름 남은 짧은 과제도 이미 절반 이상을 해놓은 상태였다. 당장 할 일이라고는 유튜브 영상 촬영이나 편집 정도가 전부였다. 그마저도 첫날 반나절 동안 이미 작업을 다 마쳤다. 요리를 좋아하는 나는 평소 식사 차리는 것을 도맡았고, 아침저녁으로 메뉴를 생각하는 게 중요한 일과였다. 그런데 혼자 있으니 요리도 하기 싫어졌다. 그때 알았다. 내가 요리를 좋아했던 이유는 J와 함께 먹는 것이 즐거워서였다는 걸. J가 없으니 그냥 대충 아무거나 먹자는 생각으로 소시지와 스파게티로 대충 끼니를 때웠다.

우리 집 곳곳에 흰색이 참 많다는 것도 그때 처음 깨달았다. 미적 감각이 예민하지 않은 나로선 이전까지 집안 곳곳을 주의 깊게 살펴본 적이 없었다. 그런데 그때 처음으로 별안간 사물들이 살아 있는 것처럼 자기주장을 해왔다. 벽도 흰색, 문도 흰색, 소파도 흰색, 책상도 흰색, 찻장도 흰색, 의자도 흰색, 식탁보마저 흰색이었다. 집안 곳곳의 흰색 사물들이 나를 집어삼킬 것만 같아서, 황급히 집을 빠져나와야 했다.

하필이면 날씨도 좋았다. 온도는 28도, 하늘은 구름 한 점 없이 파랬다. 처음 교환학생으로 독일에 왔을 때, 오리엔테이션에서 한 교수님이 이런 농담을 했다. "여러분이 겨울학기에 이곳에 오신 것은 좋은 선택입니다. 날씨가 안 좋아서 어차피 공부밖에 할 게 없거든요." 그 말은 사실이었다. 겨울의 독일은 몇 개월 동안 주야장천 우중충하다. 그럴 땐 집에 혼자 남아 공부만 하는 게 전혀 억울하지 않다. 밖에 나가도 날씨가 너무 안 좋아서 할 게 없으니까.

그런데 여름의 독일은 완전히 다르다. 미세먼지도 없고, 덥지도 않고, 온통 푸릇푸릇 생기가 넘친다. 하필이면 나는 한여름 가장 아름다운 날에 갑자기 혼자 텅 빈 시간을 채워야 하는 상황이 됐다. 정말 할 게 없었다. 얄밉도록 풍성한 잎사귀를 살랑살랑 자랑하는 푸른 나무들과 느긋하게 산책하는 행복한 개들을 보며 걷는 것도 잠시였다. 결국 맥주 한 병을 사 들고 집에 돌아와 마시면서 평소처럼 컴퓨터를 켜고 글을 읽기 시작했다. 그게 혼자 있는 시간을 견디는 최선의 방안이었다.

## 우리는 언제 고립을 느끼는가

사람들은 저마다 혼자의 상태를 극복하는 나름의 방법을 갖고 있다. 대부분 그 방법은 사회 제도나 기술의 영향을 받아 생겨난다.

어느 날, 초등학교 선생님인 오래된 친구가 이런 말을 했다. “퇴근하면 할 게 없어.”

그래서 그 친구는 주로 인터넷 방송을 본다고 했다. 인터넷 방송이나 SNS는 현대인이 혼자의 상태를 극복하는 데 이용하는 ‘최적의’ 장치들이다. 바쁘고 각박한 경쟁사회를 살아가는 현대인은 대면적인 인간관계를 불편해한다. 이런 불편을 겪을 필요 없이 인터넷을 통해 사람과 ‘소통’하면서 연결된 느낌을 받을 수 있다니 얼마나 편한가. 인터넷과 SNS는 현대의 기술문명과 자본주의라는 조건의 산물이다. 그게 없었다면, 우리는 외로움을 견디느라 고생하지 않았을까?

하지만 사실 고립감을 극복하는 방법뿐만 아니라, ‘혼자라는 느낌’ 자체가 사회적 맥락 속에서 규정되고 생성된다. 엄밀히 말하면, 현대인이 경험하는 고립감은 과거에는 거의 존재하지 않았다. 근대 이전까지 인간은 대개 가족과 이웃, 종교 등 공동체 속에서 살아왔기 때문이다. 일을 하거나 가사나 육아를 맡는 등 대부분 시간은 공동체 활동에 할애됐고, 사람들은 수렵, 채집, 농업에 전념하든, 수공업과 상업에 힘쓰든, 어떤 정치나 종교, 민족에 속하든 다른 사람과 불가분의 관계로 묶여서 살아갔다. 한 사람이 공동체와 떨어진 '개인'으로서, 프라이버시를 지키면서 혼자만의 시간을 많이 보낼 만한 조건이 안 됐다.

반면 현대사회는 그야말로 개인의 시대다. 교통, 통신, 금융, 정보기술이 발전하고 잉여 생산물이 늘어나면서, 누구나 원한다면 다른 사람들과의 직접 대면을 최소화하면서 혼자만의 시간을 많이 보낼 수 있게 됐다.

예전에 쿠팡 물류센터에서 일용직으로 일한 적이 있다. 같이 일하는 사람은 대부분 나와 같은 일용직이었다. 그곳에서 근로 신청, 출퇴근 관리, 임금 정산 등은 모두 스마트폰을 통해 이뤄진다. 관리자와 따로 대면할 일이 거의 없다. 업무 관리도 별도의 스마트기기를 통해 이뤄지기에, 일할 때 주변 사람과 소통할 일도 거의 없다. 몇몇 사교성 좋은 사람들은 서로 말도 걸고 친해지지만, 대부분은 묵묵히 일하다가 혼자 집에 간다.

오늘날 현대사회는 각종 기술의 발달로 인해 이런 방식으로 인간관계의 개입을 최소화한 일자리가 점점 늘어나고 있다. 따라서 원하기만 하면 꽤 '효율적으로' 혼자 많은 시간을 보낼 수 있는 상황이 됐다.

이는 과거의 노동자가 노동에 참여했던 방식과 전혀 다르다. 불과 십수 년 전만 해도, 노동자는 한 곳에서 오랫동안 일하면서 같이 일하는 동료와 밀접한 관계를 맺어야 했다. 하지만 기술 발전에 따라, 업무 현장에서 별다른 인간관계를 맺지 않아도 되는 새로운 형태의 노동이 출현한 것이다.

하지만 다른 각도에서 보면 현대인에겐 오히려 진정한 의미의 혼자만의 시간은 사라지고 있다. 어딜 가나 인터넷망은 우리가 끊임없이 사람들과의 '연결' 속에 있도록 만든다. 진정한 고독 속에서 자기 내면으로 깊게 침잠하는 경험은 현대인들에게 상당히 낯설다. 역설적으로, 먼 옛날 산으로 혼자 나무를 하러 가는 나무꾼은 평소에는 공동체와 밀접하게 연결되어 있었더라도, 그 깊은 산속에서만큼은 정말로 혼자일 수 있었다.

요즘은 정반대다. 분주한 도시에서 멀리 떠나, 사람의 발길이 닿지 않는 한적한 곳으로 가도 인터넷은 연결된다. 일론 머스크의 스타링크 위성은 현대사회의 과잉 연결을 상징하는 사물이다. 인공위성을 통해 오지에도 전파를 쏘는 기술은 대양 한가운데에서도, 설산 깊숙한 곳에서도 결코 혼자가 될 수 없도록 만든다.

오늘날 우리 사회의 결혼과 출산율 감소는 단순히 부동산 가격 상승이나 경기침체, 남들과 비교하는 문화, 성별 갈등만으로 설명될 수 없다. 사람들이 이렇게까지 뚜렷하게 혼자 있기로 선택한 것은 반드시 누군가와 함께 살지 않아도 완전히 혼자이지는 않기 때문이다. 앞서 말한 것처럼, 우리는 온라인에서 너무나도 쉽게 사람들과 '소통'할 수 있으며, 심지어 오프라인의 만남까지도 편리하게 이뤄진다. 부담 없이 누군가와 접촉하고 어느 정도 관계를 맺었다가도 미련 없이 헤어지는 게 너무나 쉬운 세상이 됐다. '효율적이고 편리한' 인간관계가 가능한 상황에서, 기존의 결혼이나 가족 제도가 이전과 똑같이 유지되기를 바라는 게 오히려 순진한 생각은 아닐까.

### 현대사회에서 사랑은 쇠퇴하는가?

전통적인 사랑의 형태는 분명 쇠퇴하고 있다. 결혼과 출산을 전제로 한 사랑은 이제 필수가 아니라 선택사항이다. 오늘날에는 전통사회의 사람들이 겪었던 것과는 다른 종류의 인간관계가 가능하게 됐다. 즉, 동일한 욕망을 다양한 방식으로 충족시킬 수 있게 된 것이다. 당연히 사람들이 전통적인 형태의 결혼에 집착할 이유가 점점 사라지고 있다.

하지만 이런 현상을 사랑의 종말이라 부르는 것은 적절하지 않다. 사랑은 그 형태가 변화할지언정 아직 사라질 기미는 보이지 않는다. 시대마다, 사회마다 사랑의 형태는 다양했으며 계속 변해왔다. 예를 들면, 일부일처제는 당연한 게 아니다. 사회에 따라 일부다처제를 유지하는 곳도 있고, 드물지만 일처다부제의 사회도 있다.

또한 사랑에서 성적인 에너지의 역할을 어떻게 평가하는지도 문화마다 크게 다르다. 기독교나 유교 문화권에서는 성적인 사랑보다는 인간에 대한 보편적 사랑을 더욱 중시했다. 반면 힌두 문화권에서는 성적인 사랑 역시 인간 삶의 핵심 목표 중 하나였다. 우리가 무엇을 사랑이라고 여기는지는 경제적, 정치적, 기술적, 사상적 조건 등과 맞물려 계속 변해왔다. 특히 우리가 살고 있는 21세기는 그러한 변화가 그 어느 때보다 급속도로 일어나고 있는 시대다. 따라서 사랑의 모습 또한 많이 변할 수밖에 없다.

오늘날 가장 특징적으로 생겨나는 새로운 형태의 사랑은 랜선을 통한 사랑이다. 점점 더 많은 사람이 온라인으로 사랑을 하고 있다. 이제 사람들은 단지 인터넷을 오프라인에서의 사랑을 실현하기 위한 수단으로만 이용하지 않는다. 인터넷 세계에 고유한 사랑의 형태를 새롭게 만들어내고 있다. 소위 '덕질'이라고 불리는 스타에 대한 열정적 관심은 인터넷의 발전과 함께 현대인의 가장 중요한 사랑의 형태로 자리 잡았다. 사람들은 혼자 집에 있으면서도 SNS를 통해 좋아하는 스타와 지속적으로 접촉을 유지하고, 인터넷 방송이나 영상 팬미팅을 통해 실시간으로 소통할 수도 있다.

누군가는 이런 활동이 무슨 사랑이냐고 무시할 수도 있다. 사랑은 실체가 있어야 하고, 그 대상과 함께하는 것이라 믿는 사람일수록 더 말이다. 하지만 적지 않은 사람들이 이런 활동을 통해 연인이나 가족 관계 이상으로 삶의 의미를 찾고 인간적 유대와 위로를 얻는다. 만약 주변의 가까운 사람들과 함께하면서도 얻을 수 없었던 삶에 대한 희망을 온라인에서의 유대를 통해 얻을 수 있다면, 과연 이것이 진정한 사랑이 아니라고 단정 지을 수 있을까? 전통적인 사랑과는 다를지언정, 이것 역시 사랑이라 부를 만한 이유가 충분하지 않을까?

메타버스 안에서 이루어지는 사랑 역시 주목할 만하다. 앞으로 VR, AR, 4D 기술 등이 더 발달하면 가상의 대상과 더욱 생생하게 교감할 수 있는 메타버스 세계가 등장할 것이다. 그러면 사이버 세계에서의 사랑은 더 폭발적으로 증가할 것이다. 가상 세계 안에서 만난 다른 사람과 사랑에 빠질 뿐만 아니라, 가상 세계 안에서 창조된 '무언가'에 사랑을 느낄 수도 있다.

## 그럼에도 변하지 않는 것

과연 앞으로 우리는 이러한 사랑을 비정상이라거나 사랑이 아닌 것으로 치부할 수 있을까? 아마 기술이 더욱 발전하고 사회적 조건이 변하면 자연스럽게 긍정적인 반응을 하게 될지 모른다.

지금까지 인간의 문명은 끊임없이 변화해왔고, 사랑에 대한 관념 역시 변해왔다. 그런데 이런 끊임없는 변화 속에서도 그대로 남아 있는 것이 있다. 바로 인간은 영영 혼자이기를 원치 않는다는 것이다. 나 역시 J와 떨어져 있을 때, 인터넷에서 동영상을 보고, 글쓰기를 통해 가상의 독자와 연결되고 나서야 마음의 안정을 느낄 수 있었다. 그 어떤 수단도 없이 완전히 혼자 남겨졌더라면 심한 불안을 견딜 수 없었을 것이다.

이처럼 인간은 어떤 방식을 통해서든 다른 사람들 혹은 다른 대상들과 함께하기를 원한다. 아마도 먼 옛날 수렵채집 공동체 시절부터 협동을 통해 생존해온 조상들의 습성과 관련 있을 것이다. 이 본능이 변하지 않는 한 우리는 계속 누군가와 함께하는 상태, 즉 사랑을 갈구할 것이다.

오늘날 우리는 기술 발전과 사회 변화가 급격하게 이루어지는 장면을 목격하고 있다. 그런 흐름 속에서 전통적인 사랑의 형태만을 기준으로 무엇이 적절한 사랑이고 무엇이 부적절한 사랑인지 우열을 나누는 것은 의미가 없다. 다만 그렇게 변화된 형태의 사랑을 통해, 우리가 어떻게, 얼마나 충만한 '함께'의 상태에 이르는지를 살펴보면 좋지 않을까.

8.

## 사랑은 하나가 아니다

모든 행복한 가정은 서로 닮았지만,
불행한 가정은 제각각 나름으로 불행하다.
_레프 톨스토이

톨스토이의 『안나 카레니나』의 첫 문장에 대해 오랫동안 많은 생각을 해왔다. 왜 모든 행복한 가정은 비슷한 반면, 불행한 가정은 다양한 모습인가?

가장 유력한 해석 하나는 행복한 가정을 이루려면, 그만큼 까다로운 조건이 많이 필요하다는 것이다. 그 조건을 모두 갖춘 가정은 다 비슷해 보인다. 사이 좋고, 안정적이고, 각자의 역할을 잘 수행하는 그런 가정 말이다.

반면 여러 조건 중에서 무언가 한둘이 결여되면 고유의 불행을 겪는다. 어떤 집은 부모의 사이가 안 좋아서, 어떤 집은 부모 자식 관계가 냉담해서, 어떤 집은 경제적 어려움 때문에, 어떤 집은 뜻하지 않은 사고 때문에 불행해진다.

## 행복의 모습은 정말 단일한가?

이러한 해석은 행복을 단일성과 연결시키는 전통과 관련 있다. 행복을 결점 없는 단 하나의 완전한 상태로 여기고, 불행을 그 상태에서의 추락이나 결여로 간주하는 오랜 전통 말이다. 적어도 서양 문화의 전통에서 '좋은 것'은 항상 이런 단일성의 이미지와 연결됐다. 예컨대, 진정한 신은 단 하나다.

물론 그리스와 로마인들은 여러 신을 믿었지만, 그 시대에도 많은 사람이 세상을 관장하는 단일한 원리가 존재한다고 믿었다. 고대 그리스 최초의 철학자라고 여겨지는 탈레스는 만물의 근원이 물이라고 생각했다. 그는 물의 결합과 해체를 통해 만물의 생성과 소멸을 설명하고자 했다. 이어서 등장한 많은 철학자 역시 각자 나름대로 세계를 설명하는 단일한 원리를 제시하고자 했다. 데모크리토스는 원자를 통해, 아낙사고라스는 이성을 통해 세계를 통합적으로 설명하려 했다.

단일한 근원에 대한 오랜 선망은 기독교 문화를 통해 가장 극단적인 형태로 발전한다. 기독교의 신은 모든 것을 알고, 모든 힘을 가졌고, 완전히 선하고, 모든 것의 원인이 되는 존재다. 이렇게 유일하고 완전한 신의 관념을 세운 후, 서구권에서 행복이나 선은 항상 단일한 무언가와 관련된 것으로 여겨졌다. 천국은 하나다. 두 개의 천국은 있을 수 없고, 선한 사람은 모두 하나의 천국에 간다.

이처럼 좋은 것과 단일성을 연결시키는 관념은 현대 심리학에도 명확하게 반영돼 있다. 심리학의 발전에서 병리학적 접근법은 핵심적 위치를 차지했다. 병리학은 건강한 상태와 병적인 상태를 나눈다. 이런 관점을 취하는 심리학은 온전한 정신과 병적인 정신을 나눈다. 정신적 '문제'가 있는 사람들은 왜 그럴까? 그들은 왜 '정상적인' 사람들과 다를까? 이런 질문 아래 많은 심리학자가 정상적 궤도에서 '벗어난' 사람들, 마음의 '병'을 가진 사람들을 연구하는 것을 기초적인 과제로 삼았다.

이런 관점에서는 무엇보다도 결여가 없어야 행복할 수 있다. 행복은 '건강'의 조건을 최대한 많이 충족해야 얻을 수 있다. 행복한 사람은 결점 없는 완전한 상태에 가깝기 때문에 모두 비슷해 보인다. 반면 불행한 사람은 어떤 특수한 결함이 있어 이상적인 상태에서 멀어진 것이기에, 결함의 종류에 따라 각기 다양한 양상을 띤다. 그래서 불행한 사람들은 각자의 방식대로 다양하게 불행하다.

하지만 정말 그런가? 실제로 사람들이 살아가는 모습을 들여다보면, 행복은 결코 완전한 하나의 상태가 아니다. 완벽하게 행복한 인생을 사는 사람은 없다. 모든 사람은 저마다 나름대로 크고 작은 결함이 있다. 또한, 현실에서의 행복한 가정도 완벽함과는 거리가 있다. 행복한 가정은 아무런 문제 없이 조용한 모습이 아니라, 종종 싸우고 시끌벅적해도 다시금 식탁에 모여 앉아 화해하고 웃는 모습에 가깝다.

이런 관점에서 톨스토이의 문장을 다시 살펴보자. 그 문장은 결코 모든 행복한 가정이 부족함 없이 완전하다는 것을 뜻하는 게 아니다. 그보다 모든 행복한 가정 역시 저마다 불행을 마주하지만, 그에 효과적으로 대응하는 방식을 갖추고 있다는 의미일 것이다. 행복한 가정은 모두 비슷해 보일지언정 정말로 비슷하지는 않다. 마치 수면 위의 평온한 모습을 유지하려 수면 아래에선 힘차게 발길질하는 백조처럼, 겉보기엔 마냥 행복한 가정도 나름대로 어려움을 극복하기 위해 보이지 않는 고군분투를 하고 있을 것이다. 따라서 우리는 톨스토이의 문장을 뒤집어 다음과 같이 말해야 한다. "행복한 가정 또한 제각각 나름으로 행복하다!"

## 사랑은 목적지가 아니라 과정이다

우리는 지금까지 사랑의 관계가 펼쳐지는 다양한 양상을

살펴봤다. 삶의 여정에서 서로를 성장시키고 용기와 위로가 되는 관계, 내 자유를 자발적으로 포기하거나 제한함으로써 오히려 더 큰 자유와 행복을 얻는 관계, 상대의 현재 모습을 넘어서 과거와 미래까지 관심을 기울이는 관계, 어린아이의 마음을 한 조각 간직한 채 책임감 있는 어른으로 맺는 성숙한 관계, 상대의 어둠을 있는 그대로 마주하는 관계, 현실적인 조건 속에서도 로맨틱한 순간을 피어내는 관계, 시대와 환경에 따라 변화하는 다양한 형태의 관계. 나는 이런 관계들을 일종의 '바람직한' 사랑으로 제시했다.

그러나 현실에서 사랑은 이론보다 훨씬 복잡하다. 이론적으로 바람직한 형태라고 해서 반드시 모두에게 행복한 사랑인 것은 아니다. 나는 이 책을 통해 사랑의 상담사가 되고 싶은 생각이 없다. 이 책에서 다룬 사랑의 모습들은 정답이 아니라, 그저 각각의 이론적 모델에 불과하다. 실제의 사랑은 이론적 모델을 넘어선, 다양한 조건의 상호작용으로 나타나는 복합적 현상이다. 그 각각의 요소에 따라 사랑의 양상은 얼마든지 달라질 수 있다. 100가지 요소 가운데 단 하나만 달라도 완전히 다른 관계가 된다.

우리가 사랑에 대해 탐구하고 이론을 세우는 이유를 정답을 찾거나 절대적인 이상을 찾기 위해서라고 생각해서는 안

된다. 완벽하고 건강하고 선한 이상적 상태에 가까이 갈수록 행복한 사랑이 실현되고, 멀어질수록 불행해진다고 여겨선 안 된다.

왜냐하면 행복한 사랑은 우리가 도달해야 할 목적지로서 존재하는 것이 아니기 때문이다. 행복한 사랑은 오직 과정으로서 존재한다. 우리가 목적지에 도달했다고 생각하는 순간 발밑의 땅은 이미 가라앉고 있을 것이다. 행복한 사랑은 각자 자신에게 주어진 나름의 조건에 맞게 어려움에 적절히 대응하고 즐거움의 요소를 발견하는 과정이다. 모든 사람은 서로 다른 조건 속에서 살아가며, 어렵다거나 즐겁다고 느끼는 것도 제각기 다르다.

다시 말해, 100명의 사람이 있으면 100가지의 사랑이 있다. 따라서 우리는 사랑에 대한 이론을 모든 상황에 적용 가능한 절대 공식처럼 생각해서는 안 된다. 그저 그 이론을 통해 자신이 처한 고유한 조건들을 돌아보고, 자신만의 사랑의 의미를 찾아 고민하는 데 써야 한다.

## 심리학으로 본 사랑의 가능성

현대 심리학의 애착 이론은 인간관계를 애착(attachment)

개념을 통해 설명한다. 애착은 인간의 생애 초기 5~6년 동안 부모 등 양육자와 형성하는 친밀한 정서적 관계를 말한다. 애착 이론을 지지하는 사람들은 어렸을 때 형성된 애착의 종류에 따라 인간관계를 경험하는 방식이 달라진다고 주장한다. 심리학자 신디 헤이잔과 필립 쉐이버는 성인이 된 연인의 사랑도 유년기에 형성된 애착의 종류가 크게 영향을 끼친다고 주장했다. 그 종류에는 크게 세 가지가 있다.

첫째는 안정형이다. 안정 애착을 가진 사람은 어렸을 때 양육자와 안정적인 관계를 형성했으며, 자신이 살아갈 세계를 안전한 곳으로 바라본다. 이들은 성인이 된 후에도 다른 이들에게 많은 관심을 보이고, 타인을 강하게 신뢰한다. 또한 갑작스런 갈등 상황을 해결하는 데 큰 어려움을 느끼지 않는다. 또한 누군가와 로맨틱한 관계를 맺을 때도, 그 관계를 긍정적인 방향으로 이끌 수 있다는 믿음이 있다.

둘째는 불안 몰입형이다. 불안 몰입형 애착을 가진 사람은 어렸을 때 양육자와 신뢰 관계를 형성하지 못한 상태다. 이들은 어른이 된 후, 끊임없이 사랑하는 사람의 관심과 인정을 받으려 한다. 이들 중에는 사랑하는 사람에게 지나치게 많은 것을 요구하는 경우도 있다. 상대가 요구를 들어줄 때까지 비협조적인 태도를 취하거나 화를 내면서 어떻게든 원하는 바를 얻어내고자 한다. 또는 반대로 자신이 지닌 것을 상대방에게 지나치게 강박적으로 내줄 때만 만족하기도 한다. 그렇게 해야 상대와 관계를 유지할 수 있고, 계속해서 관심을 받을 수 있다고 느끼는 것이다.

셋째는 회피형이다. 회피형 애착을 가진 사람은 어렸을 때 양육자에게 상대적으로 무감한 태도를 보인다. 이들은 성인이 되어서도 외부와 소통하는 것보다 자신의 내면에 머물러 있는 것을 선호한다. 다른 사람과 가까운 관계를 형성하면 자신의 선택지가 줄어드는 느낌을 받는다. 주는 것도, 받는 것도 크게 선호하지 않는다. 이들은 상대에게 작은 결함만 발견해도 관계를 끝낼 이유로 받아들인다. 이들 중에는 조금 어려워도 언젠가는 안정적인 동반자를 찾기를 원하는 사람도 있지만, 동반자를 만나는 것을 거의 포기하는 사람도 많다.

이렇게 애착 유형에 따라 사람들은 사랑에 대한 서로 다른 욕망과 느낌, 생각을 갖는다. 철학자 버릿 브로가드(Berit Brogaard)는 사랑이 애착 유형과 성격의 함수에 의해 결정된다고 주장한다. 즉, 개인이 어떤 애착 유형과 성격을 가졌는지가 복합적으로 작용해 사랑의 유형이 결정된다는 것이다. 이러한 주장은 사랑의 모습이 얼마나 다양할 수 있는지 암시한다. 요즘 사람들이 관심을 두는 MBTI로 단순화해도 사람의 성격 유형은 적게는 16가지, 많게는 32가지다. 애착 유형이 보통 3~5개 정도로 분류되는 걸 감안해 단순 계산해도 사랑의 양상은 48~160가지가 된다. MBTI가 인간의 성격 유형을 지나치게 단순화했다는 비판을 받는 걸 고려하면, 실제 계산에 포함해야 할 변수는 훨씬 더 다양할 것이다.

게다가 사랑은 개인의 애착 유형이나 성격뿐 아니라, 주변 환경과 주고받는 상호작용도 변수로 포함해야 한다. 헤이잔과 쉐이버 역시 비록 애착 유형을 토대로 사랑의 양상을 나눴지만, 사랑이 단순히 개인적 요인에 의해 결정되는 것이 아니라 구체적 상황의 영향을 크게 받는다는 것을 인정했다. "우리는 관계가 성격 변수를 통해 예측될 수 있는 바를 넘어서는 인과적 영향을 가진 복합적이고 강력한 현상이라는 것을 부정하고 싶지 않다."

즉, 사랑은 성격과 애착 유형만으로 예측하기엔 너무 복잡한 현상이다. 사랑은 특정한 성격과 애착 유형을 가진 한 사람이 또 다른 성격과 애착 유형을 가진 다른 사람을 만나, 고유의 상황 속에서 형성된다. 이 모든 것을 따져보면, 위에서 우리가 구한 160개나 되는 경우의 수도 사랑의 모든 양상을 포착하기에 역부족이다. 예를 들어서, 똑같은 성격과 애착 유형을 가졌다고 해도, 어린 사람과 나이 든 사람의 사랑은 다르다. 돈 없는 사람과 돈 많은 사람의 사랑도 다르다. 어떤 꿈을 가졌는지, 관심사가 무엇인지, 어떤 가치관으로 삶을 살아가는지, 어떤 일을 하고 어떤 가정환경에 있는지, 시대적·사회적 환경은 어떤지 등 수많은 요인에 따라 사랑은 아주 다양한 모습으로 펼쳐질 것이다.

## 현실은 이론에 앞선다

그렇다면 우리는 어떻게 해야 할까? 사랑의 이상이나 정답을 좇는 대신 자기 자신과 주변 사람들의 구체적 특성과 상황에 더 큰 관심을 기울여야 한다. 'A라는 모델에 따르면 이런 상황에서 B라는 행동을 선택해야 해'라는 계산은 너무 단순하다. 물론 때로는 그런 단순화도 문제 해결에 도움이 된다. 복잡하게 생각하기보다 단순하게 생각하는 게 더 정답에 가까울 때도 있기 때문이다.

하지만 단순화가 가져다주는 편리함에만 지나치게 빠져 사랑에 정답이 있는 것처럼, 절대적인 모델이나 단일한 원리가 있는 것처럼 생각해서는 안 된다. 거듭 말하지만, 이론은 이론일 뿐이다. 그리고 실제로 우리가 살아가는 현실은 언제나 이론에 앞선다. 현실이 있기에 그걸 설명하는 이론이 생겨나는 것이지, 이론이 먼저 있고 거기에 맞게 현실이 존재하는 게 아니다. 때로 우리는 이 선후관계를 착각하곤 한다. 혹시나 이 책이 그러한 착각을 부른다면, 당장 이 책을 태워버리는 게 더 이롭다. 우리는 책이나 상상 속에 존재하는 사랑이 아닌 현실에서의 사랑을 잘해야 한다. 다시 말하지만, 그러기 위해선 현실을 구체적으로 파악하는 데 더 큰 노력을 기울여야 한다.

100명의 사랑을 아우르는 단 하나의 사랑은 없다. 100명의 사람이 있으면 100가지의 사랑이 있다. 한 사람이 태어나면 하나의 사랑이 새롭게 생겨난다. 한 사람이 죽으면 그 하나의 사랑도 함께 죽는다.

2부

# 사랑과 실존

Love and

Existence

9.

## 한 번 죽고 두 번 살아나는 것

사랑은 죽음을 방해합니다. 사랑은 곧 생명입니다.
내가 이해하는 모든 것은 그걸 사랑하기에 이해하는 것입니다.
내가 사랑하는 모든 것 역시 그걸 사랑하기에 존재하는 것입니다.
_레프 톨스토이

나는 생일을 굳이 챙기지 않는다. 어느 날 갑자기 이런 생각이 들었기 때문이다. '생일을 왜 챙겨야 하지?'

이 질문에 납득할 만한 대답을 찾을 수 없었다. 이유는 크게 두 가지였다. 첫째, 생일은 1년 주기로 돌아오는데, 1년이 365일인 것은 지구가 태양 주위를 공전하는 주기에 의해서 우연히 결정되었을 뿐이다. 만약 내가 화성에 살았다면 1년이 687일이었을 거고, 그러면 생일 날짜도 지구와 달랐을 것이다. 이런 우주적 관점에서 생각해보면, 내가 매년 굳이 지구를 기준으로 똑같은 날짜를 기념할 이유는 없다.

둘째 이유는 조금 더 중요하다. 앞으로 살아갈 날이 태어난 날보다 더 중요하다는 생각 때문이다. 태어난 날은 삶의 출발점일 뿐 내 의지와는 관련이 없다. 오히려 내게 중요한 모든 일은 의식을 갖고 살아갈 날들에 펼쳐진다. 따라서 태어난 날을 다른 날보다 더 우대해서 기념할 필요는 없다고 느꼈다. 그래서 나는 실제로 생일을 잘 챙기지 않았다. 우연히 들킨 것 외에는 생일을 주변에 알리지도 않았고, 주변 사람들 생일도 잘 챙기지 않았다.

그런데 살면서 두 가지 예외가 생겼다. 어머니와 J다. 왠지 모르게 둘의 생일은 챙겨야 한다는 생각이 들었다. 물론 여기에는 실용적인 목적도 있다. 어머니와 J 모두 내가 생일을 챙기지 않으면 무척이나 서운해 할 사람들이다. 그들이 그런 감정을 느끼게 하고 싶지 않았다. 하지만 그 이유 이상으로, 생일을 계기로 그들과 특별한 경험을 나누는 게 즐겁다는 걸 알게 됐다. 사랑하는 사람이 즐거우면 나도 즐겁다. 그래서 지금은 어머니와 J의 생일만큼은 잘 챙기고 있다. 아마 나이가 들수록 더 많은 사람의 생일을 챙기게 될지도 모르겠다.

### 사람은 몇 번 태어나는가

인간이 태어난 날에 살아갈 날 이상의 특별한 의미가 없다는 생각은 지금도 변함이 없다. 하지만 이제는 이런 판단보다 더 중요한 게 있다. 내가 무엇을 원하느냐는 거다. 나는 이제 생일을 기념하는 주변 사람들과 기쁨을 함께 나누기를 원한다. 이 과정에서 탄생의 무의미함은 사랑 안에서 유의미함으로 대체된다.

사람은 몇 번 태어날까? 어리석은 질문일지도 모른다. 사람은 누구나 당연히 한 번 태어나기 때문이다. 한 번 엄마 배 속에서 태어나 하나의 삶을 살다가 한 번의 죽음을 맞는 것, 이것이 생물학적 관점에서 본 모든 인간의 운명이다.

하지만 이런 견해는 인류의 기나긴 역사 속에선 주된 견해가 아니었다. 오히려 사람은 여러 번 태어난다는 것이 더 일반적이었다. 오늘날에도 우리는 여전히 전생이나 다음 생을 믿곤 한다. 많은 종교에선 인간의 삶이 여러 번, 혹은 무한히 반복된다고 말한다. 이 세상에서는 온갖 복잡한 사건들, 기쁨과 고통, 갈등과 화해가 계속해서 일어난다. 이 모든 걸 설명하고 이해하기엔 한 번뿐인 삶이 너무 짧게 느껴진다. 그래서 인간은 주어진 삶 외의 또 다른 삶의 관념을 품는다.

다른 삶에 대한 생각은 여러 가지다. 가장 흔한 것은 환생, 윤회다. 한 생명의 생물학적 죽음 이후에 또 다른 생물학적 삶이 주어진다고 생각하는 것이다. 과거와 현재와 미래가 이어지는 순환의 관념은 불교나 힌두교뿐만 아니라 고대 그리스인도 가지고 있었다. 철학자 소크라테스는 인간이 죽으면 안내자가 찾아와 저승으로 길을 인도해주며, 죽은 자의 영혼은 그를 따라 저승의 여러 곳을 지난 후 새로운 삶을 부여받는다고 생각했다. 그 과정에서 레테의 강물을 마시면 삶의 모든 기억을 잊게 되고, 스틱스강을 건너 심판을 받은 뒤 업보에 따라 행선지가 결정된다. 죄를 많이 저지른 사람은 끔찍한 곳으로, 보통 사람은 다시 인간이 사는 곳으로, 선한 일을 많이 한 사람은 더 완전하고 행복한 곳으로 가서 새 삶을 산다. 이와 비슷한 상상은 지구 곳곳의 문화에서 흔하게 발견된다.

하지만 또 다른 삶이 반드시 죽음 이후에만 주어지는 건 아니다. 부활은 살아생전에도 일어날 수 있다. 죽음을 전제하지 않는 부활, 죽은 적이 없지만 살아나는 것. 이것은 기독교적 관념이다. 물론 기독교는 죽음 이후의 삶을 이야기하는 대표적인 종교다. 그들은 사람이 죽으면 천국이나 지옥에 가서 영원히 살게 된다고 말한다. 하지만 기독교는 지금의 삶 안에서의 '거듭남'을 강조하는 종교이기도 하다. 거듭난다는 것은 다시 태어난다는 뜻이다. 온 마음을 다해 신을 믿으면, 이후의 삶은 그 이전의 삶과 질적으로 구별된다. 마치 또 다른 사람으로 다시 태어나는 것과 같다. 생물학적 차원에선 이전과 다를 게 없지만, 영적인 차원에선 그 삶은 완전히 새로워진다. 물론 이 책은 종교 서적이 아니므로, 이 문제를 더 깊게 이야기하지 않을 것이다. 앞으로 우리가 살펴보고자 하는 것은 사랑을 통해 새 삶을 사는 방법이다.

## 사랑과 죽음의 공통점

우리는 고정된 존재가 아니라 끊임없이 변하는 존재다. '나'는 객관적 사실들의 총합을 넘어선다. 내 몸을 이루는 물질, 내가 먹어서 나의 몸과 에너지로 만드는 것들, 내가 하는 행동, 내가 겪는 일 등은 나의 존재를 이루는 부분들이다. 이것을 모두 합친다고 내 존재가 남김없이 설명되지는 않는다. 나의 존재를 이루고 있는 각 부분은, 심지어 머리카락 한 올에서 손톱, 발톱까지 매 순간 쉬지 않고 변한다. 따라서 그런 객관적 요소들로 존재를 설명하려는 순간, 내가 설명하고자 하는 '나'는 더 이상 없다.

이런 의미에서, 앞서 말한 '거듭남'이란 개념은 전혀 낯설지 않다. 인간은 매 순간 거듭난다. 조금 더 정확히 말하면, 인간은 매 순간 새롭게 거듭날 가능성을 품은 존재다. 변화하는 자신의 존재에 관심을 기울이지 않고 그냥 지나치면, 내 존재는 항상 그대로 변함없는 것처럼 여겨진다. 그리고 이럴 때 우리는 정체된다. 흐르지 않고 고여 있는 물은 어떻게 되는가? 결국 썩고 악취가 나고 만다.

그렇다면 우리에게 필요한 것은 무엇일까? 반드시 대단한 변화가 필요한 것은 아니다. 그저 나의 존재는 매 순간 변화하고 있으며, 때로 더 급진적인 변화를 펼칠 가능성도 품고 있다는 사실에 주의를 기울이는 것이다. 그런 인식만으로도 우리는 사지가 마비된 듯한 정체에서 벗어날 수 있다.

거듭남은 신화 속에서만 일어나는 현상이 아니다. 실제로 인간은 얼마든지 다시 태어나 새 삶을 살 수 있다. 사랑 역시 인간을 다시 태어나게 한다. 사랑은 때로 우리 존재를 급진적으로 변화시킨다. 사랑하는 사람은 이전과 다른 사람이 된다. 깊은 사랑을 체험한 사람은 때때로 표정, 말투, 사고방식, 가치관까지 아주 많은 것이 바뀐다. 뭘 해도 시큰둥하던 사람이 자주 웃고, 밀가루를 잘 안 먹던 사람이 피자를 즐겨 먹고, 모임에 나가기를 꺼리던 사람이 사람들과 함께하는 자리에 조금 더 편안함을 느끼게 된다.

사랑은 왜 인간을 변화시킬까? 그건 바로 사랑을 통해 자기중심성의 종말을 경험하기 때문이다. 사랑을 경험하기 이전의 사람은 존재의 중점을 자신에게 둔다. 내 존재가 '내가' 원하는 것, '내가' 성취하는 것, '내가' 얻는 것 등을 중심으로 구성된다고 느낀다. 반면 사랑을 하는 사람은 존재의 중심이 내 바깥에 있다고 느낀다. 사랑을 할 때, 나의 존재는 더 이상 나만을 중심으로 구성되지 않는다. 사랑하는 이와의 관계가 내 존재를 이루는 핵심 축이 된다.

이런 점에서 사랑은 죽음과 아주 비슷하다. 사랑은 자기 자신으로부터의 이탈을 전제로 한다. 마치 유체 이탈을 하듯, 사랑하는 사람은 자기 자신에게서 빠져나가는 경험을 한다. 이전까지 확고하게 붙잡고 있던 나란 존재가 더 이상 완전히 내 안에 있지 않은 경험. 인간은 죽음 이후에 어떤 일이 일어날지 모르기에 그것을 두려워한다. 죽음 이후에 더 이상 자신이 존재하지 않을 거라는 불안이 두려움을 심화시킨다. 사랑을 경험한 사람도 마찬가지다. 그 사랑이 자신에게 어떤 변화를 불러올지, 그 위력을 모르기 때문에 두렵다.

사랑은 행복한 만큼 두려운 경험이다. 사랑에 빠진 사람은 이러다가는 자기 자신을 잃어버릴지도 모르겠다는 느낌을 받는다. 이전까지 확고한 줄 알았던 내 존재가 사라질 것만 같은 느낌. 사랑과 죽음은 똑같은 두려움을 유발한다.

하지만 사랑은 존재의 상실로만 끝나지 않는다. 사랑은 자신을 잃어버리는 경험이지만, 동시에 새로운 내가 탄생하는 경험이기도 하다. 사랑을 통해 우리는 새롭게 태어난다. 이전에 내 안에만 머물러 있었던 나의 존재는 사라진다. 그리고 사랑의 대상 안에서 새로운 내가 탄생한다. 이런 경험에 대해 르네상스 시대 이탈리아의 의사이자 철학자였던 마르실리오 피치노는 이렇게 말했다. "실로, 서로 간의 사랑에서 죽음은 한 번 일어나지만, 부활은 두 번 일어난다."(이 말은 『사랑에 관하여』에 나오는데, 이 책은 피치노의 독자적인 작품이 아니라 일곱 명의 사람이 플라톤의 『향연』에 대해 이야기한 내용을 피치노가 정리한 것이다. 원래 신학자 안토니오 아글리Antonio Agli가 한 말로 소개되어 있는데, 피치노가 기록하는 과정에서 얼마나 자기 색채를 보탰을지는 모른다.)

사랑 안에서 죽음과 탄생을 경험한 사람은, 상대방도 나에게 사랑으로 화답할 때 또 다른 확신을 얻는다. 그 사람과의 관계 안에서 내 존재를 펼쳐나갈 수 있다는 믿음을 통해, 나는 내가 되살아났다는 사실을 다시 한번 강력하게 경험한다. 한 번 죽지만 두 번 살아나는 것, 존재의 상실을 경험하지만 그럼으로써 더 강력한 존재의 확신을 얻는 것. 이것이 피치노가 생각하는 사랑이다. 그는 의학을 배우며 수많은 죽음을 접했을 테지만, 부활에 대해 배우지는 않았을 것이다. 그건 의학이 아니라 사랑의 영역에 속한 일이라는 게, 그가 내린 결론이었을지도 모른다.

종교와 사랑은 둘 다 인간이 새 삶을 얻는 경험을 말한다. 차이점이 있다면, 종교는 죽음과 부활을 '예언'하는 반면, 사랑은 죽음과 부활을 직접 '체험'하는 활동이라는 점이다. 종교는 모든 죽음을 극복하고 완전한 새 삶을 선사할 메시아의 등장을 예언한다. 혹은 죽음 이후의 영원한 새 삶을 이야기한다. 하지만 그 사건은 직접 경험되지 않는다. 종교적인 부활은 언제나 미래에 일어날 일로 미뤄진다. 반면 사랑 안에서의 부활은 우리의 유한한 삶 안에서 직접 일어난다. 사랑은 메시아가 강림한 종교다. 죽음 없이도 펼쳐지는 사후세계다. 사랑은 단지 예언에 머무르지 않는다. 예언을 실현한다.

### 소피는 어떻게 사랑을 구원했나

종종 평생을 두고 영향력을 발휘하는 예술작품이 있다. 내게는 미야자키 하야오 감독의 애니메이션 〈하울의 움직이는 성〉이 그런 작품 중 하나다. 이 영화에서 소피라는 소녀는 아버지가 물려주신 모자 가게를 운영하며 평범한 삶을 살고 있었다. 어느 날 우연히 도시의 골목에서 마법사 하울을 마주쳐 잠시 시간을 함께 보낸다. 그런데 그날 밤, 하울을 쫓던 황야의 마녀가 찾아와 소피에게 저주를 건다. 소피는 순식간에 백발노인이 되고 만다. 그 저주를 풀기 위해서는 하울을 다시 찾아가야 한다. 하울은 아무도 접근하지 않는, 산 저편의 움직이는 성에 살고 있다. 소피는 늙어버린 몸을 이끌고 산을 올라 움직이는 성을 찾아간다.

할머니가 된 소피는 청소부로 하울의 성에 취업한다. 그리고 하울과 불의 악마 캘시퍼, 하울의 조수 마르클과 친구가 된다. 그리고 이내 하울을 사랑하게 된다. 사실 자신은 모르고 있지만, 소피에게는 대상에 생명을 불어넣는 신비한 힘이 있다. 영화 속 세상은 전쟁으로 혼란스러운 상태다. 하울은 전쟁의 폭격을 막으려다 죽기 직전까지 내몰려 결국 쓰러진다. 그때, 하울의 심장이 캘시퍼에게 있다는 것을 알아낸 소피는 그 심장을 하울의 가슴에 다시 돌려놓는다. 그렇게 하울은 기적적으로 생명을 되찾고, 생명을 불어넣는 소피의 신비한 힘 덕분에 캘시퍼의 불도 꺼지지 않고 살게 된다. 이렇게 모두를 구하고 나자 소피에게 걸린 저주도 풀린다. 하지만 머리카락만큼은 원래의 갈색으로 돌아오지 않고 은빛으로 남아 있는데, 그 모습을 보고 하울은 말한다. "소피의 머리카락이 별빛으로 물들었어. 너무 예뻐."

이 영화는 '잠자는 숲속의 공주' 동화에 대한 현대적 재해석으로 볼 수 있다. 두 작품의 공통점은 사랑, 죽음, 부활의 관계를 그리고 있다는 것이다. 두 작품 모두에서 소녀 주인공은 생명력을 빼앗기는 저주에 걸린다. 공주는 깊은 잠에 빠져들고, 소피는 노파가 된다. 그리고 두 작품 속에서 모두 저주는 사랑의 힘으로 극복된다. 사랑을 통해 생명을 되찾고, 상대방과의 관계 속에서 새로운 삶을 얻는다. 다만 중요한 차이점이 있다. 동화에서는 왕자의 사랑으로 공주가 삶을 되찾는다. 반면 〈하울의 움직이는 성〉에서는 소피가 자기 사랑의 힘으로 스스로 생명력을 되찾는다. 즉, 전통적인 동화와 달리 〈하울의 움직이는 성〉은 소녀가 스스로 난관을 극복하는 더욱 주체적인 모습을 그리고 있다.

또한 이 작품에서 중요한 것은 소피가 자기 생명뿐만 아니라 소중한 다른 이들의 생명도 함께 구했다는 점이다. 소피와 하울의 이야기는 멋지고 강한 왕자가 연약한 공주에게 새 삶을 선사한다는 일방적인 '백마 탄 왕자' 스토리와 거리가 멀다. 소피와 하울은 사랑을 통해 서로를 보호하고 서로의 생명을 구한다. 신이 인간을 창조하는 신화의 반복이 아닌, 스스로 자신의 창조에 참여하는 새로운 인간 유형의 이야기다.

## 동화와 사랑의 공통점

모든 생명체는 결국 죽음에 도달한다. 생기가 충만한 상태에서 쇠약한 상태로 나아가다, 최종적으로는 정지하는 게 생명체의 운명이다. 어쩌면 동화 속 인물들이 죽음의 위협에 자주 노출되는 이유는, 생명력을 점차 잃어갈 수밖에 없는 현실을 반영하고 있기 때문일지도 모른다. 동화에서는 사악한 마녀가 저주를 걸어서 생명력을 빼앗지만, 현실에서는 누가 저주를 걸지 않아도 자연스레 생명력이 점차 약해진다.

삶은 그 자체로 저주와 비슷한 측면이 있다. 모든 삶은 죽음으로 향한다. 온갖 고통과 지루함, 부조리가 가득한 현실은 인간의 생명력을 더 빨리 고갈시킨다. 물론 의학의 발전과 생산량의 증대는 인간의 삶을 연장했다. 하지만 다른 한편으로, 중환자실에 가면 그저 숨만 붙어 있는 채로 생물학적 삶만이 연장되는 모습도 종종 볼 수 있다.

사랑은 생명체가 죽음이 아닌 생명의 방향으로 향하도록 만드는 유일한 힘이다. 동화 속에서 사랑은 마법의 힘을 발휘해 사람들을 구해낸다. 현실에 그런 마법은 존재하지 않지만, 단 하나, 사랑은 인간의 존재 자체를 변화시킴으로써 부활을 체험하게 한다. 사랑을 통해 '나'는 생물학적인 죽음에 저항하는, 존재의 거듭남을 경험한다. 온전히 살아 있다는 사실을 깨닫기 위해 나는 한번 죽어야 한다. 밤을 경험하지 않은 사람은 낮이 무엇인지 이해할 수 없듯이, 죽어보지 않은 사람은 사는 게 무슨 의미인지 이해할 수 없다. 사랑은 자기중심적인 내가 죽는 경험이다. 그리고 상대와의 관계 속에서 새롭게 살아나는 경험이다.

동화가 행복한 결말에 이르기 위해서는 죽음의 위기가 극복되어야 한다. 동화에서도, 현실에서도 죽음의 위기는 언제나 사랑을 통해 극복된다. 사랑은 생명이 죽음을 극복한다는 것이 어떤 의미인지 알게 해준다.

## 10.
## 사랑한다면 죽음을 생각하는 것이 좋다

두 사람의 생
그사이에 피어난
벚꽃이어라.

_마쓰오 바쇼

그날도 평소와 똑같은 하루의 시작이었다. 적당한 시간에 일어나 이메일을 확인한 뒤, 커튼을 걷고 물을 마셨다. 지나가는 눈길로 화분의 꽃을 잠시 쳐다봤고, 그보다는 조금 더 긴 시간을 SNS 게시물을 훑어보는 데 썼다. 아침으로 뭘 먹을지 오늘 뭘 해야 하는지를 반은 의식적으로 반은 무의식적으로 생각하면서, 핸드폰에 충전케이블을 꽂으러 다시 침대 쪽으로 갔다.

콘센트는 J의 머리맡에 있었다. 코드를 꽂기 위해서는 허리를 굽혀 침대와 더 가까워져야만 했다. J는 여전히 자고 있었다. 허리를 굽혀 평소와 다른 각도에서 J를 바라봤기 때문일까, 아니면 내가 의식하지 못한 무언가 다른 이유에서였을까. 그날따라 J의 몸이 평소와는 약간 다르게 보였다. 틀림없이 J의 몸은 어제와 달라진 게 거의 없었다. 달라진 건 J의 몸과 관계하는 나의 태도였다. 그날따라 J의 몸은 언제나 당연하게 주어진 대상이 아니라, 오로지 지금 이 순간 자신의 비밀을 드러낸 특별한 대상으로 보였다. 그런 주의 깊은 응시 속에서, 나는 J의 손목에 생긴 주름을 발견했다. 이전까지 한 번도 의식한 적이 없는 주름이었다. 그것을 주의 깊게 바라본 순간, 나는 갑자기 누가 심장을 돌로 짓누르는 듯한 울컥한 감정을 느꼈다.

정말이지 평소와 전혀 다를 것이 없는 아침이었다. 그런데 그 주름 하나가 평범한 하루를 맞은 내 마음을 완전히 뒤흔들었다. 표면적인 이유는 분명했다. J도 나이가 들어간다는 사실을 깨닫게 된 것이다. 그러나 나는 이전에도 그 사실을 잘 알고 있었다. 나는 사람이 누구나 늙는다는 사실을 모를 만큼 멍청하지 않다. 또 손목 주름 정도로 그런 감정을 느끼는 게 조금 과할 수 있다는 것도 알고 있다. 그런데 왜 나는 그날 아침 J의 손목 주름을 보고 갑자기 그런 감정을 느꼈던 것일까?

## 죽음을 앞질러 가는 경험

노화는 우리가 죽음으로 향하고 있다는 걸 가리키는 일종의 표지판이다. 우리는 그걸 파악하는 데에는 능숙하다. 하지만 그 속에서 죽음이란 목적지를 읽어내는 데에는 의외로 둔감하다. 우리의 추론 능력이면 분명히 모든 늙어가는 사람들이 언젠가 죽는다는 사실을 쉽게 알 수 있다. 하지만 누구도 그런 추론을 원하지 않는다. 오히려 그 진실에서 달아나기를 선호한다. 그래서 노화와 죽음을 서로 별개의 현상처럼 여기곤 한다.

예를 들어보자. 우리의 부모님은 매 순간 늙어간다. 하지만 거기서 부모님이 돌아가시는 상상을 진지하게 해본 적이 얼마나 있는가? 우리가 사랑하는 모든 존재는 매 순간 늙어간다. 하지만 그것의 죽음은 분명 '지금 당장'과는 상관없는 일처럼 여긴다.

나 역시 그때까지 J의 죽음에 대해 제대로 고민한 적이 없었다. 물론 종종 상상하기는 했다. J가 갑자기 사고나 병으로 죽으면 어떡하지? 그럼 나는 어떻게 살지? 과연 새로운 사람을 만날까? 이런 질문들을 떠올린 적은 있었다. 하지만 이때 J의 죽음은 모두 가정에 불과했다. '만약 죽는다면'이라는 만일의 가능성에 대해서 생각한 것이다. 이런 '만약'의 상상은 일종의 위장술이다. 나는 이 상상을 통해 J의 죽음을 생각한 게 아니라, 사실은 '일단 지금 J가 죽는 것은 아니다'라며 안도했던 것이기 때문이다. 나는 각종 수단을 통해 사랑하는 이의 죽음으로부터 끊임없이 도망친다. J의 죽음은 '언젠가 먼 훗날에' 일어날 일이다. 그 죽음은 지금의 현실과는 상관없는 일로 계속 남아 있어야 한다.

그런데 그날은 어찌 된 일인지 그럴 수가 없었다. 손목의 주름은 J의 죽음을 직접 가리켰다. 더 이상 만약의 사태가 아니라 필연적인 일로서 자신을 드러냈다. 그 경험은 내 척수의 가장 깊은 곳까지 건드릴 만큼 강력했다.

철학자 하이데거는 우리가 평소 자신의 본래적 존재로부터 항상 달아나고 있다고 생각했다. 그리고 "죽음으로 앞질러 달려가 보는" 경험을 통해 그 달아나는 상태에서 벗어나 진정한 자신의 가능성을 마주할 수 있다고 생각했다. 그는 말한다. "죽음은 가장 고유한, 모든 것과의 연결이 사라지는, 건너뛸 수 없는 가능성으로서 자기 자신을 드러낸다."

우리는 모두 평소 '자기 자신'으로부터 달아나, 어느 정도는 익명의 존재로서 살아간다. 주체적이라고 생각하지만 사실 남의 행동을 그대로 반복하고, 남의 생각을 그대로 따라

한다. 이렇게 무비판적으로 남들과 하나가 된 상태로 살아가는 것은 나에게 주어진 무거운 책임을 줄이는 좋은 방편이다. 예를 들어서, 나는 결코 전적인 내 의지로 무고한 사람을 죽이진 않을 것이다. 그런데 만약 국가의 명령이 주어진다면 어떨까? 직접적인 살인이 아니라, 수만 명의 얼굴 없는 사람들이 함께 간접적으로 할 수 있는 살인이라면? 나는 어쩌면 수십 명의 사람을 아무렇지도 않게 죽일지도 모른다. 이렇게 일상에서 우리는 끊임없이 자신에게 주어진 부담으로부터 달아나 익명의 상태로 있으려 한다. 그 얼굴 없는 상태는 편안하고 부담 없으니까.

하지만 나의 죽음 앞에서는 그렇게 익명성으로 달아나는 게 불가능하다. 그 죽음은 결코 불특정 다수가 함께 저지르는 일이 될 수 없다. 누구도 그 죽음의 일부를 나눠 가져갈 수 없다. 죽음은 오로지 혼자서 전적으로 떠맡아야 하는 사건이다. 따라서 죽음을 미리 떠올리는 것은 진정으로 고유한 나의 존재가 무엇인지, 무비판적으로 살지 않고 나에게 주어진 가능성을 똑바로 보며 살아간다는 게 무엇인지 이해하는 경험이 된다.

나는 죽음에 관한 하이데거의 견해에 동의한다. 하지만 그의 생각에서 좀 더 나아가고자 한다. 하이데거는 '나'의 죽음을 생각할 때 발견하게 되는 본래적 가능성을 잘 포착했다. 하지만 그는 다른 사람의 죽음을 생각하거나 경험할 때 발견하는 '우리'의 본래적 가능성에 대해서는 별 관심을 기울이지 않았다. 우리는 여기서 사랑하는 사람의 죽음으로 앞질러 가보려 한다.

### 사건의 종결과 존재의 종결의 차이

우리는 평소에도 수많은 사건의 끝을 경험한다. 수업이 끝나고, 식사가 끝나고, 계절이 바뀌고, 일을 그만두고…. 이런 평범한 사건의 끝에서 우리는 엄밀히 말해 끝이 아닌 새로운 시작을 경험한다. 수업이 끝나면 밥을 먹으러 가고, 식사가 끝나면 집에 간다. 겨울이 지나면 봄이 오고, 일을 그만두면 새로운 삶이 시작된다. 이런 식으로 특정 사건은 끝나도 우리 존재는 끝나지 않는다. 나의 존재는 사건의 끝과 상관없이 굳건하게 남아 있다. 다음 사건의 시작을 이끌면서.

반면 존재가 끝나면 사건을 이끄는 주체가 사라진다. 그래서 어떠한 사건도 연속성을 갖고 이어질 수 없다. 대표적인 것이 죽음이다. 내가 죽으면 지금 내가 알고 있는 내 존재 자체가 없어진다. 물론 내 죽음 이후에도 세상에는 계속해서 수

많은 사건이 일어날 것이다. 하지만 그것들에 의미와 연속성을 부여할 주체로서의 나는 더 이상 없다.

타인의 죽음은 어떨까. 하루에도 몇 번씩 뉴스에는 사람이 죽었다는 이야기가 나온다. 하지만 우리에게 그 이야기는 보통 식사를 끝마치는 것보다도 작은 의미만을 갖는다. 나와 별 상관없는 일이기 때문이다. 만약 이름과 얼굴이 익숙한 사람이 죽으면, 완전히 모르는 사람이 죽었을 때보다는 더 무거운 느낌을 받는다. 여전히 나와는 별 상관없는 일이지만, 어쨌든 무언가 중요한 것이 끝났다는 느낌이 든다.

하지만 심적으로 상당히 가까운 사람이 죽었다는 소식을 들으면 마음 깊숙한 곳이 울린다. 그 죽음은 단지 많고 많은 평범한 사건이 끝나는 것과 전혀 다르다. 그것은 마치 하나의 시대가 저무는 것, 온 열정과 정성을 쏟은 무언가가 끝나버린 것과 비슷한 경험이다. 더 나아가, 만약 정말 소중한 사람이 죽을 때면 마치 신체의 일부가 잘린 듯한 느낌을 받게 된다. 내 존재를 이루고 있던 중요한 부분이 떨어지는 경험이기 때문이다. 이미 이 지점에서 우리는 타인의 죽음이 단순한 사건의 종결이 아니라 존재의 종결로 경험될 수 있다는 걸 체험한다.

사랑하는 사람의 죽음에서는 존재의 종결이 더욱 압도적

으로 경험된다. 단순히 존재 일부가 떨어진 정도가 아니라, 나라는 존재를 넘어서는 더 큰 존재가 끝을 맞이한다. 그것은 바로 '우리'다. 사랑은 개인성을 초월하는 경험이다. 사랑의 관계에서는 '나'라는 개별적인 주체를 넘어선 '우리'라는 새로운 주체가 세워진다. 사랑의 관계에서 나는 개인으로서 존재하지만, 동시에 상대방과 함께 '우리'로서 존재한다. 그런데 사랑하는 사람이 죽으면 '우리'의 존재가 사라져버린다. '우리'는 더 이상 아무것도 경험할 수 없다. 나는 여전히 살아 숨 쉬면서 다양한 경험을 하며 개별적인 주체로서 존재할 것이다. 그러나 그 경험들은 이제 나 혼자만의 것일 뿐이다. 그 경험들은 더 이상 '우리'의 것이 될 수 없다. 이처럼 사랑하는 사람의 죽음은 존재의 종결로 경험된다. 따라서 사랑하는 사람의 죽음으로 앞질러 가보는 것은 하나의 사건으로 앞질러 가보는 것과는 질적으로 다르다. 하이데거는 나의 죽음으로 앞질러 가보는 것이 존재의 본래적 가능성을 이해하게 만든다고 주장했다. 마찬가지로 나는 사랑하는 사람의 죽음으로 앞질러 가보는 것이 '우리' 존재의 본래적 가능성을 이해하게 만든다고 생각한다.

### 어떻게 사랑해야 하는가

우리의 인간관계는 사회의 영향을 받는다. 가족, 친척, 친구, 선생님과 학생, 상사와 부하직원 등 모든 인간관계는 사회에서 사람들이 보편적으로 받아들이는 관계 방식에 영향을 받는다. 그 영향은 따로 의식하기 전에 무의식적 차원에서 이미 작동한다.

사랑도 마찬가지다. 예를 들어서, 우리가 연인 관계를 맺는 것은 수많은 사회적 규율과 합의를 암묵적으로 따르는 과정이기도 하다. 사랑을 고백할 때도 나름대로 지켜야 할 방식이 있다. 예컨대, 문자 메시지로 고백하는 것은 그다지 바람직하지 않다. 대부분 직접 얼굴을 맞대고 고백하는 편을 더 선호한다. 연인은 마땅히 서로의 생일이나 기념일을 챙겨야 하고, 연락을 자주 해야 하며, 정기적으로 데이트 활동도 해야 한다.

우리는 이런 틀을 따라 사랑하는 데 익숙하다. 그리고 그 틀은 우리를 억압한다기보다는 많은 사람이 편리하게 행복을 추구하게끔 돕는다. 사람들은 사회적으로 받아들여진 사랑의 규칙을 자발적으로 따르면서 안정감을 느낀다. 남들과 비슷하게 사랑한다는 사실, 혹은 남들보다는 조금 더 나은 사랑을 한다는 사실에서 만족감을 찾는다.

때로 남들과의 비교는 큰 불행의 원천이 된다. 그러나 그 이상으로, 비교는 남들과의 합일감을 선사한다는 점에서 달콤한 면모도 있다. 내 수입이 친구의 수입보다 적은 것은 분명 고통의 원인이다. 하지만 그런 비교를 할 친구가 있는 것이 모두와 단절된 채 고독하게 살아가는 것보다는 덜 고통스럽다. 이 고독의 고통을 감내하려면 큰 용기가 필요하다. 철학자 아르투어 쇼펜하우어는 "혼자 있을 때 마음의 그릇이 작은 사람은 자신의 무능과 무가치를 느끼지만, 뛰어난 사람들은 자신의 위대성을 더 뚜렷이 느낀다"라고 말했지만, 사실 평범한 우리 대부분은 다소 불편함을 겪더라도 계속해서 남들과 '연결' 상태에 있기를 택한다. 그게 훨씬 더 편리하게, 적당한 행복에 이르는 길이기 때문이다.

하지만 사랑하는 사람의 죽음으로 앞질러 가보는 경험은 그런 비교를 무의미하게 만든다. 다른 사람들이 어떻게 사랑하는지를 예민하게 살피며 비슷한 방식으로 사랑하려는 경향성에 제동을 건다. 다른 사람들과 뒤섞인 익명의 존재가 되어 편리하게 행복을 추구하려는 일상적인 습관을 마비시킨다. 사랑하는 사람의 존재가 끝을 향해 달려간다는 것을 생생하게 느낄 때, '우리'가 남들의 기준에 얼마나 합치하는지는 부차적인 문제가 된다. 남들이 뭐라고 하건 '우리'에게 주어진 고유의 가능성이 무엇인지를 생각하고, 그 가능성을 실현하는 일이 훨씬 더 중요해진다.

## 우리라는 무한한 가능성을 위하여

반드시 특별한 일을 해야 '우리'의 고유한 가능성이 실현되는 것이 아니다. 우리는 사랑하는 이와 대단한 일을 해야 특별한 추억을 만들 수 있다고 여긴다. 하지만 이러한 생각이야말로 사회적 관행의 결과물로서 결코 특별한 일이 아니다. 우리는 오히려 특별한 일을 하지 않을 수 있는 가능성을 발견할 필요가 있다. 남들이 좋다고 생각하는 것, 남들이 특별하다고 여기는 것을 좇아 사회의 입맛에 맞는 방향으로 우리의 모습을 끌고 가는 게 아니라, 진정으로 우리가 원하는 게 무엇인지, 자유롭고 창조적인 주체로서 우리가 실현할 수 있는 모습이 무엇인지 고민해야 한다.

어쩌면 아무것도 바꾸지 않고 지금의 모습 그대로 사는 게 우리의 고유한 가능성을 실현하는 일이 될 수도 있다. 우리가 그것을 진정으로 원한다면 말이다. 혹은 평범한 일상에서 벗어나 완전히 새로운 여정을 그려나가는 것이 더 가치 있다고 생각할 수 있다. 정답은 없다. 중요한 것은 사랑하는 이의 죽음으로 앞질러 가보았을 때, 즉 우리의 끝을 미리 마주했을 때 내 마음에 들려오는 목소리에 귀를 기울이는 것이다. 그 목소리는 평소 다수의, 익명성의, 사회적인 목소리에 뒤섞인 것과 분명히 다른 울림을 갖는다.

J의 주름을 본 후, 나는 복잡한 생각들을 이어가고 있다. 어쩌면 우리에게 주어진 시간이 생각보다 많지 않을지도 모른다. J는 계속 나이가 들어가고 있고, 나 역시 마찬가지다. 우린 아직 젊지만, 어느 날 심각한 병에 걸릴 수도 있고, 갑작스러운 사고로 세상을 떠날 수도 있다. 그렇다면 우리는 무엇을 해야 하는가? 우리를 위해 나는 무엇을 해야 하는가? 아직은 잘 모르겠다.

하지만 분명한 건 그 주름을 본 이후, 나는 이전에 알지 못했던 새로운 가능성을 마주하고 있다는 사실이다. 이전까지 '우리'에 대한 내 인식은 사회적인 틀에서 크게 벗어나지 않았다. 적당히 돈을 벌고, 적당한 타이밍에 집을 사고, 남들보다 너무 늦지 않게, 그렇다고 너무 빠르지도 않게 인생의 단계들을 밟아가는 게 행복이라고 생각했다. 사회가 정한 기준을 적당히 지키며 사는 것은 분명 행복으로 이르는 안전한 길이다.

하지만 이제 나는 안다. 그것이 절대적인 기준은 아니라는 사실을. 그래서 나는 다른 선택을 하게 될 날이 오면, 기꺼이 삶의 방향성을 급진적으로 변화시킬 것이다. 다른 누구도 아닌, 바로 우리를 위해서.

## 11.
## 당신의 MBTI는 무엇입니까?

겁 많은 '기질'을 타고났다는 이유만으로 겁쟁이가 되진 않는다. 단념하거나 무너졌다는 '행위'가 겁쟁이를 만들기 때문이다. 기질과 행위는 다르다.

_장 폴 사르트르

"네 이웃을 네 몸과 같이 사랑하라."

「레위기」에 나오는 이 경구에 대해 하루는 한 유대인 율법학자가 예수에게 물었다. "그러면 누가 저의 이웃입니까?"

아주 날카로운 질문이다. 신은 이웃 사랑을 강조했다. 그런데 이웃을 사랑하려면 누가 이웃인지를 알아야 한다. 모든 사람에게 똑같이 사랑을 줄 수는 없는 법이다. 그랬다간 내 삶이 남아나지 않을 것이다. 우리는 어쩔 수 없이 소수의 선별된 사람들만을 이웃으로 간주하고, 그들에게 특별한 사랑을 준다. 이런 의미에서 율법학자의 질문은 사랑의 현실적 조건을 따져 묻는 좋은 질문이다.

그런데 예수는 직접적인 답변을 하지 않고 이야기를 하나

들려준다. 하루는 어떤 유대인이 길을 걷다가 외딴곳에서 도적 무리를 만나 가진 것을 모두 빼앗기고 죽기 직전까지 두들겨 맞았다. 그 사람은 초주검이 되어 길옆에 버려졌다. 다행히 지나가는 사람들이 있었다. 먼저 한 사제가 지나갔다. 그런데 그는 쓰러진 유대인을 보고도 못 본 척하고 그냥 지나갔다. 두 번째로는 레위인이 지나갔다. 레위인은 유대인 사회에서 좋은 혈통을 지닌 특권층이지만, 그 역시 부상 입은 유대인을 보고 식겁하더니 피해서 가버렸다. 마지막으로 사마리아인이 지나갔다. 사마리아인은 혼혈 민족으로, 유대인에게 무시당하는 존재였다. 그런데 그 사마리아인은 다친 유대인의 상처에 기름과 포도주를 붓고 천으로 감싼 후, 자신이 타고 온 나귀에 태워 여관까지 데려가 보살폈다. 게다가 다음 날 여관 주인에게 돈까지 주며 부탁했다. "저 사람을 보살펴 주세요. 돈이 부족하면 돌아오는 길에 추가로 드리겠습니다."

이 이야기를 들려준 후, 예수는 율법학자에게 물었다. "이 세 명 중 누가 도적 무리를 만난 사람의 이웃이 돼주었느냐?" 율법학자는 대답했다. "그 사람에게 사랑을 베푼 사람입니다." 이에 예수는 말했다. "너도 가서 그렇게 하여라."

이 이야기에는 놀라운 생각의 전환이 담겨 있다. 율법학자는 이웃을 사랑하는 행위보다 사랑의 대상인 이웃이 누구인지 규정하는 게 먼저라고 생각했다. 누가 진정한 이웃인지 모른다면 누구에게 사랑을 베풀지 알 수 없다고 본 것이다. 그런데 예수는 반대로 생각했다. 이웃을 규정하는 것보다 사랑을 베푸는 게 우선이라고. 이웃이기에 사랑의 대상인 것이 아니라, 사랑하기 때문에 그 사랑으로 말미암아 이웃이 된다고.

## 무엇이 당신의 삶을 결정하는가

예수는 당시 보수적인 유대인 사회에 매우 비판적인 의식을 품었던 사람이었다. 그는 혈통이나 계급 같은 외적인 조건이 아니라, 마음과 행동을 바탕으로 사람을 바라봐야 한다고 생각했다. 아무리 훌륭한 외적 조건을 갖춘 사람도 마음이 비어 있고 악한 행동을 한다면 구원받을 수 없다. 반대로 아무리 미천한 조건을 갖고 태어났어도 신실한 마음으로 선한 행동을 하면 구원받을 자격이 충분하다.

나는 이 착한 사마리아인 이야기에 담긴 실존적 의미에 놀랐다. 인간은 객관적 조건으로 규정되기에 앞서 선택할 자유를 가진 존재이자, 그 선택이야말로 인간의 삶을 결정짓는 가장 중요한 요소라는 메시지가 담겨 있기 때문이다. 예수는 20세기의 실존주의 철학자들과 아주 흡사한 이야기를 하고 있다.

실존은 영어로 'existence'다. '바깥'을 뜻하는 'ex'와 '서다'라는 뜻의 라틴어 'sistere'가 합쳐진 단어다. 즉, 실존은 이 세상에 나와 서 있다는 뜻이다. 실존한다는 것은 마치 방안에서 이불을 덮고 아무것도 안 하듯 내재적 상태에만 머물러 있는 게 아니라, 문을 열고 바깥세상으로 나와 있는 것이다. 우리는 이미 항상 외출 중이다. 바로 존재라는 임무를 부여받은 채, 이 세상에 나와서 삶이라는 여정을 이끌어가는 중이다.

실존의 핵심 조건은 자신이 존재한다는 사실을 '의식'하는 것이다. 존재한다고 해서 반드시 실존하는 것은 아니다. 부엌에 있는 숟가락은 존재하지만, 실존하지는 않는다. 숟가락은 자신이 존재한다는 사실을 모른다. 숟가락은 삶의 주체가 아니라, 그냥 존재한다. 계속 부엌의 구석에 머물러 있건, 밥을 먹는 데에 사용되건, 분리수거된 후 녹아 없어져 다른 물건으로 새롭게 탄생하건, 숟가락에는 전혀 상관없다. 숟가락은 자신이 존재한다는 의식이 없기에, 자신에게 어떤 일이 일어나도 관여할 수 없다.

반면 인간은 자신이 존재한다는 사실을 안다. 그리고 자신에게 일어나는 일들에 관심을 가진다. 나에게 일어나는 일들은 나와 상관없는 게 아니라, 내가 '겪는' 일들이다. 나는 하나의 주체로서 내 주변에서 벌어지는 일들을 통합해서 사건의 흐름을 만든다. 나는 실존자로서 의식을 가진 채 이 세상에 존재한다. 웃고, 울고, 불안에 떨고, 편안함을 느끼면서 삶을 살아간다. 고유의 의지를 가진 채 세상에 자신의 행적을 그려 나간다.

모든 실존자는 각자 나름의 상황 속에 놓여 있다. 상황은 이미 주어진 조건이다. 외모, 인종, 성별, IQ, 국적, 부모의 경제력 등 내 삶은 수많은 조건 위에서 펼쳐진다. 이 조건 중 많은 부분은 내 의지로 어찌할 수 없는 것들이다. 내가 원해서 남자로 태어난 게 아니고, 내가 원해서 대한민국 국민이 된 게 아니다. 상황은 언제나 나의 의지와 상관없는 조건들로 가득 채워져 있다.

그런데 실존자의 삶은 상황에 영향을 받을지언정 상황에 의해 모든 것이 결정되지는 않는다. 실존자는 주체적인 결정의 순간들을 마주하며 살아간다. 그리고 그 순간에 무엇을 선택하는지에 따라 삶이 달라진다.

딱따구리는 부리로 나무를 쪼면서 살아간다. 그것이 딱따구리에게 주어진 상황이다. 만약 딱따구리가 자신의 존재를 의식하지 않으며 본능에 따라서만 살아간다면, 그 상황에서 결코 벗어나는 일이 없을 것이다. 그런데 만약 딱따구리가 실존자라면? 딱따구리가 자신의 존재를 의식하며 삶을 이끄는 주체라면 이야기가 다르다. 실존자로서의 딱따구리는 나무를 쪼지 않기로 결정할 수도 있다. 설사 그것이 불행이나 죽음으로 이어질 위험을 내포한 결정이라도, 실존자는 그 결정을 내릴 자유를 품고 있다.

실존적 결정은 경향성을 넘어선다. 모든 인간은 나름의 경향성을 갖고 있다. 외향성, 내향성, 성실함, 불성실함, 온화함, 예민함 등 수많은 경향성이 있다. 그런데 인간은 그 경향성에 따라서만 행동하지 않는다. 오히려 경향성에 반하는 방향으로 행동할 수도 있다. 물론 거시적 관점에서 통계적으로 인간의 행동을 예측할 순 있다. 특정한 경향성을 가진 사람이 특정한 상황에서 어떤 결정을 내릴지 확률적으로 예측할 수도 있다. 하지만 확률은 확률일 뿐이다. 미시적인 관점에서 '예' 혹은 '아니오' 중 하나를 선택할 순간이 되면, 확률은 무의미해진다. 확률이 어떻든 나는 '예'와 '아니오' 사이에서 하나를 선택해야 하는, 선택할 수 있는 절대적 순간을 마주한다.

다친 유대인을 도와준 사마리아인은 어쩌면 평소엔 사람을 도와주는 것을 싫어했을 수도 있다. 그런데 그날따라 다친 사람을 보고 가여운 마음이 들어서 도움을 준 것일 수도 있다. 이 경우, 사마리아인은 어떤 기준으로 정의해야 하는가?

그 사람은 자신의 평소 경향성에 의해 규정되는 존재인가, 아니면 경향성을 뛰어넘어 사랑을 실천할 수 있는 존재인가?

## MBTI는 정말 사랑을 돕는가?

오래전부터 인터넷에서는 제목에 '특징'이나 '유형'이라는 말이 들어간 게시물들이 유행한다. 연애 못 하는 사람 특징, 정떨어지는 사람 특징, 같이 있으면 불편한 사람 유형, 기분 좋아지는 말투 유형…. 이런 제목의 게시물들은 끊임없이 생산되며 사람들의 SNS 피드를 장식한다. 바야흐로 유형화의 시대다.

사람들은 유형을 나누는 걸 정말 좋아한다. 사주팔자, 별자리, 혈액형, MBTI 등 방법도 다양하다. 사람들은 자기 자신과 주변 사람들을 정의할 분류체계를 계속 필요로 한다. 체계에 따른 유형과 특징 분류는 미지의 것을 쉽게 설명해낸다. 오늘 처음 만난 사람의 MBTI가 ENFP라는 것을 알게 되면, 그 사람은 더 이상 미지의 인물이 아니다. 그 사람의 행동은 더 이상 아무런 맥락 없이 일어나는 게 아니라, 다 이유가 있다. ENFP라는 성격 유형이 그걸 설명한다. 믿을 만한 분류체계를 손에 쥐고 있는 한, 나는 당황하지 않고 이 세상을 설명하고 이해할 수 있다.

그런데 나는 이런 유형화에 오래전부터 의문을 품어 왔다. 과연 누군가 특정한 경향성이나 특징을 가졌기에 어떤 유형에 속하는 것인가, 아니면 어떤 유형에 속하기에 어떤 경향성이나 특징을 갖는 것인가? 우리는 자주 이 순서를 바꿔서 생각한다. "걔는 ENFP라서 외향적이야"라고 말할 때, 우리는 마치 ENFP라는 유형이 외향적인 성격의 원인인 것처럼 생각한다. 이런 사고방식이 강화되면, 마치 유형이 그 사람의 존재를 규정하는 것으로 여겨진다. 어떤 유형에 속한 사람은 결코 그 유형의 경향성을 벗어나서 행동하지 않을 것처럼 여기는 것이다. 출신, 인종 등 특정 조건에 따른 모든 불합리한 차별은 이러한 사고방식으로 생겨난다.

유형화의 인기는 사랑의 영역에서도 엄청나다. 사람들은 좋은 유형의 사람을 찾아 사랑하고자 한다. 나와 잘 맞는 유형, 나의 이상에 부합하는 유형만이 완벽한 사랑의 상대라고 생각한다. 이런 유형의 불합치를 뛰어넘으려는 시도는 미련하게 여겨진다. 그것은 '과학'에 맞서는 일이다. 불행을 자처하는 일이다. 우리에게는 조금 더 편리하고 확률 높은 선택지가 있다. SNS와 상담 프로그램에서는 끊임없이 나와 잘 맞는, 좋은 유형의 사람을 선택하는 방법을 알려준다. 그것만 참고

하면 훨씬 더 안정적으로 사랑할 수 있을 테니까.

하지만 유형화에 대한 지나친 집착은 나 자신을 잃어버리도록 만든다. 나와 주변 사람들을 유형화해서 파악하려는 습관은 존재를 직접 마주하는 능력을 감퇴시킨다. 분명 유형화는 대상을 쉽게 이해할 수 있도록 돕는 편리한 매개물이다. 그러나 그것은 결코 대상 자체가 아니다. 안경이라는 매개를 통해 세상을 더 또렷하게 볼 수는 있지만, 안경 속에 세상이 담겨 있지는 않다. 마찬가지로, 각각의 개별적 실존자로서, 인간은 유형이 정의하는 바를 훨씬 넘어선다. 우리는 보편적인 규정을 통해서는 파악될 수 없는 개별자로서의 인간을 마주해야 한다.

## 실패한 사랑의 두 가지 양상

실존주의 철학자 시몬 드 보부아르는 실패한 사랑의 두 가지 양상으로 나르시시즘과 헌신을 꼽았다. 나르시시즘은 자기만족을 위해 사랑하는 것이다. 반면 헌신은 상대방의 만족만을 위해 사랑하는 것이다. 이 두 사랑은 서로 정반대로 보이지만, 모두 주체성을 지워버린다는 공통점을 갖는다. 나르시시스트의 사랑은 상대의 주체성을 지운다. 헌신하는 사랑은 자신의 주체성을 지운다.

유형화에 대한 현대인들의 강한 관심에서는 이 두 가지 실패한 사랑의 혼합을 볼 수 있다. 유형이라는 틀로 사랑의 관계를 짜맞추기를 원하는 사람은 자기 자신과 상대의 주체성을 동시에 지운다. 자신과 상대방 안에서 경향성을 뛰어넘어 결정을 내릴 수 있는 자유를 없애고, 경향성에 따라 행동하는 기계적 측면을 부각한다. 그럼으로써 행위를 결정하는 주체가 아닌, 이미 결정된 방향대로 움직이는 사물로서의 면모만을 강조한다. 인간 안에는 분명 이 상반된 두 면모, 즉 사물적인 면모와 실존자로서의 면모가 공존한다. 그런데 유형화에 지나치게 빠져드는 사람은 자기도 모르게 자신과 상대를 단순한 사물처럼 취급한다. 그럼으로써 확률이나 경향성과 별개로, 주체적 결정을 내릴 수 있는 실존자로서의 정체성을 잊는다.

아마 과학과 기술이 발전할수록 인간을 사물처럼 바라보는 시각은 강해질 것이다. 인간의 행동 역시 점점 더 정교하게 예측할 수 있게 되기 때문이다. 그런데 우리는 명심해야 한다. 인간의 선택이 예측 가능하다고 여길수록, 바로 그 이유로 실제 우리의 선택이 더 예측할 수 있게 된다는 걸 말이다. 인간의 행동이 상황적 조건에 의해 이미 결정되어 있다고 여길수록, 우리의 행동은 실제로 상황적 조건을 벗어나지 못할 것이다. 우리가 자신을 사물처럼 여길수록, 실제로 사물처럼 서로를 대하게 될 것이다. 한 치의 오차도, 예외도 없이 말이다.

하지만 인간에게는 경향성에 반기를 들 자유가 있다. 확률이나 경향성을 순식간에 어그러뜨릴 급진적인 가능성이 있다. 어제까지 늘 이기적으로 살아온 사람도 오늘 갑자기 누군가에게 도움의 손길을 내밀 수 있다. 어제까지 무심코 지나치던 꽃을 오늘은 주의 깊게 바라볼 수 있다. 이런 결정의 자유와 가능성은 오직 실존자에게만 있다. 그런데 우리가 자신을 실존자가 아니라고 여기는 순간, 우리는 실제로 더 이상 실존자가 아니게 된다. 그 순간 자유는 사라지고, 기계적 확률만이 세상을 지배할 것이다.

# 12.
# 구두쇠, 포르노, 불륜의 공통점

먼저 하나의 존재를 뿌리 깊게 사랑할 수 있어야 한다.
그러면 나머지 모든 것이 사랑스럽게 나타난다.

_요한 볼프강 괴테

연쇄살인범은 왜 한 명을 죽이는 것으로 만족하지 못하는가? 왜 여러 명을 죽이는가? 포르노는 왜 끝없이 생산되는가? 어째서 계속 새로운 배우의 포르노가 필요한가? 아이돌은 왜 끝없이 교체되는가? 왜 하나의 아이돌이 영원한 만족을 주는 일은 없는가?

하나의 대상이 재해석되며 새로운 의미를 창출할 때가 있다. 반면 새로운 대상이 계속 공급되지만 새로운 의미는 생기지 않을 때도 있다. 어떤 사람은 단 한 장의 그림, 단 한 편의 시, 단 한 권의 책에서 삶을 뒤바꿀 의미를 끝없이 찾아낸다. 반면 어떤 사람은 셀 수 없이 많은 그림과 시와 책을 훑어봐도 결코 새로움을 발견하지 못한다. 그에게는 모든 것이 그저 스쳐 지나가는 '특별할 것 없는' 대상에 불과하다. 현대사회는 인간을 이러한 경험의 방식으로 이끌고 있다.

철학자 시몬 베유는 악의 단조로움에 대해 말했다. "악의 단조로움: 어떤 것도 결코 새롭지 않으며, 모든 것은 동등하다." 베유는 돈 후안을 전형적인 악인의 예시로 들었다. 모차르트의 오페라 〈돈 조반니〉의 주인공인 돈 후안은 바람둥이의 대명사로 여겨지는 전설 속 인물이다. 그는 항상 친절하고 달콤한 모습으로 여성을 유혹한다. 그리고 상대가 유혹에 넘어가면 성관계를 가진 후 가차 없이 떠나버린다. 그리고 또다시 새로운 여성에게 접근해 유혹을 시작한다.

베유는 돈 후안이 항상 똑같은 행동 패턴을 반복한다는 것에 주목한다. 그에게 모든 여성은 똑같다. 똑같은 유혹, 똑같은 쾌락, 똑같은 이별. 그는 항상 새로운 여성을 만난다. 하지만 어떤 의미에서 그에겐 새로운 만남은 없다. 모든 만남은 이전 만남의 똑같은 반복이다. 이런 의미에서 베유는 말했다. "이런 사람은 거짓 무한의 굴레에 빠진다. 그건 지옥 그 자체다."

## 포르노와 불륜은 왜 반복되는가

예로부터 인류는 똑같은 행동을 반복하는 걸 가장 지독한 형벌로 간주해왔다. 그리스 신화에서 신들의 분노를 산 시시포스는 산 정상으로 무거운 바위를 영원히 굴려야 하는 형벌을 받는다. 산 정상에 바위가 도달하면 다시 반대편으로 굴러 떨어진다. 바위를 굴리는 노동은 영원히 반복된다. 새로울 게 아무것도 없는 무한한 반복. 이는 인간이 상상할 수 있는 가장 끔찍한 상황이다.

우리는 어떨 때 무한반복의 굴레에 빠질까? 무한반복은 대상을 고유성이 아닌 양으로 사고할 때 우리를 덮친다. 모든 대상은 각각의 고유성을 가진다. 그런데, 그것에 주목하지 않고, 대상을 단순히 양의 관점에서만 바라보면 어떻게 될까? 당연히 양이 소진된 뒤에는 다시 새로운 대상을 찾아야 한다. 하나의 고유한 대상이 그때그때 다른 잠재성을 드러내며 새로운 질적 즐거움을 주는 게 아니라, 처음부터 정해진 양만큼의 즐거움만 주고 끝나기 때문이다. 마치 에너지가 닳으면 새롭게 교체돼야 하는 건전지처럼 말이다.

포르노와 불륜은 대상을 양으로만 판단한다. 그래서 포르노와 불륜은 한 번으로는 부족하다. 끝없이 새로운 것으로 교체되며 반복되어야 한다. 사람들이 계속해서 새로운 포르노를 보고 새로운 불륜 관계를 이어가는 이유는 역설적으로 그 어떤 포르노와 불륜도 새롭지 않기 때문이다. 모든 것은 다 똑같은 것의 반복이다. 단지 양에서 차이가 있을 뿐이다. 어떤 것은 조금 더 많은 쾌락을 주고 조금 더 오래 지속된다. 어떤 것은 조금 더 약한 쾌락을 주고 조금 더 빨리 소진된다. 그러나 언젠가 그 양이 다하면 교체된다는 점에서 모든 포르노와 불륜은 똑같다.

그런데 현대사회에서 이런 반복은 꽤 돈이 된다. 애플이 어마어마한 돈을 버는 것은 우연이 아니다. 포르노 사업에 큰 돈이 굴러 들어가는 것 역시 우연이 아니다. '구매-만족-소진'이라는 사이클의 반복. 명품 회사나 패스트패션 브랜드에서도 이 사이클을 찾아볼 수 있다. 본질적으로 새로울 게 없기에 사람들은 계속 새로운 것을 찾아 다시 매장으로 향한다. 이 무한반복의 사이클을 이용해 사람들로부터 소비를 끌어내는 자가 이 시대의 지배자가 된다. 뉴스와 SNS 피드에는 매일 똑같은 내용이 표지만 바꿔서 등장하며, 그게 우리 삶을 지배한다.

그렇다면 우리는 왜 그것을 새롭다고 착각하는 걸까? 왜 매번 똑같은 것을 하면서도 짜릿함을 느끼며 그것에 빠져드는 걸까? 이에 대한 답을 베유의 '상상적인 것'이라는 개념에서 찾아볼 수 있다.

## 상상적인 것과 진실한 것

베유는 상상적인 것과 진실한 것을 구별했다. 상상적인 것은 나의 욕망이나 의지를 투사해서 대상을 바라볼 때 나타나는 모습이다. 반면 진실한 것은 대상을 있는 그대로 바라볼 때 나타나는 모습이다. 물론 완전히 진실한 것을 보는 게 정말로 가능한지는 확실하지 않다. 인간은 언제나 자기 관점에서 세계를 해석하기 때문이다. 다만 베유는 그러한 자기중심적 관점을 벗어나도록 노력하는 것이 진실에 더 가까워지는 길이라고 주장했다. 그녀는 말한다. "구두쇠는 자신의 보물을 볼 때 그것이 실제보다 n배 더 크다고 상상한다."

구두쇠는 결코 보물의 진실한 모습을 마주하지 못한다. 그 사람이 보는 보물은 항상 그의 욕망과 의지가 뒤섞여 만들어진 상상의 결과물이다. 〈반지의 제왕〉 속 골룸은 반지를 있는 그대로 볼 수 없다.

우리는 질을 양으로 착각하고 양을 질로 착각하는 오류를 동시에 저지르면서, 무한반복의 지옥에 빠진다. 대상의 고유한 질을 감지하는 능력을 잃어버리는 것이다. 우리가 마주하는 대상은 모두 구체적인 고유의 질을 갖고 있다. 하지만 평소에는 그것들을 모두 추상화해서 양으로 변환시킨다.

예를 들어서, "가수 A가 가수 B보다 더 노래를 잘한다"라고 말할 때가 있다. 이런 평가 자체에는 큰 문제가 없지만, 그 안에 담긴 사고에는 노래 실력을 양적으로 비교하는 생각이 전제되어 있다. A와 B의 노래 실력은 수치화되어 비교될 수 있는 것으로 가정된다. 이런 사고방식 속에서, A와 B가 가진 구체적 고유성에 대한 이야기는 사라지고 누가 '더' 노래를 잘하느냐 하는 양적인 이야기만 이뤄진다. 이런 과정은 보통 아주 조용히, 은밀하게, 서서히 이뤄진다. 그래서 우리는 스스로 고유성에 대한 감각을 잃어가고 있다는 걸 눈치채지 못한다.

이런 사고방식은 양을 질로 여기는 사고방식과 합쳐져 더욱 큰 힘을 발휘한다. 일단 고유한 질에 대한 감각이 사라지고 모든 것을 양적으로 바라보면, 그때부터는 양이 질을 담보하는 유일한 기준이 된다. '다다익선'이라는 사자성어는 현대에 들어 새로운 의미를 획득한다. 많으면 많을수록 좋다. 양적 우위만이 객관적인 질을 담보한다. 내 애인이 다른 사람의 애인보다 '더' 아름다우면 나는 만족한다. 애인의 가치는 그의 구체적 고유성에 달린 게 아니라, 그가 가진 것의 양에 달려 있다. 연애나 결혼에서도 마찬가지다. 현대인은 상대방의 키, 재산, 연봉, 연애 횟수 같은 수치에 기이할 정도로 집착을 보인다. 이는 양만을 가치 있게 여기는 사고방식과 밀접한 관련을 맺고 있다.

이렇게 질을 양으로, 다시 양을 질로 왜곡하는 관점에 빠져들면, 정작 진정한 새로움을 마주하는 일은 사라진다. 새로움은 양이 아닌 질의 영역에 속한다. 무한한 우주 공간이라고 해도, 만약에 우리가 질의 관점에서 세계를 바라보지 않으면 그 어떤 새로운 것도 찾을 수 없다. 이 행성과 저 행성, 이 은하와 저 은하는 순전히 양적인 관점에서는 본질적으로 다를 게 없다. 그것들을 각각 구별하고 그 안에서 새로움과 의미를 발견하는 것은 그것들 각각이 가진 고유한 질이다. 모든 것을 양적인 관점에서 파악하는 사람은 진실한 새로움이 아닌 상상적인 새로움만을 마주한다. 그가 새로운 것을 보며 느끼는 짜릿함은 단지 상상의 결과다. 새로움에 대한 광적인 집착, 돈 후안이 보인 무한한 편력은 이렇게 생겨난다. 진실로 새로운 것을 만나지 못하는 사람은 바로 그 때문에 더더욱 새로운 것에 집착한다. 고유한 질에 대한 감각이 막혀 있기에 대상은 하나의 숫자로, 등급으로, 에너지로 치환된다. 가능한 한 많은 수, 높은 등급, 큰 에너지를 손에 넣는 것만이 유일하게 의미 있는 목표가 된다. 무한한 양적 팽창만이 추구할 만한 행위가 되는 것이다.

## 사랑에 배신당하지 않는 법

상상적인 새로움만 끝없이 추구하는 사람은 결코 만족할 수 없다. 그의 행복은 자신의 욕망과 의지를 투사해 만든 것인데, 살다 보면 그런 베일이 벗겨지는 순간이 있다. 바로 그 순간에, 그는 자신이 배신당했다고 느낀다. 지금까지 상상을 통해 구성해놨던 대상의 모습과 실제 대상의 모습이 다르기 때문이다. 그때 그는 크게 실망한다. 혹은 충격을 받거나 분노한다. 대상과 상상적으로 관계하는 사람은 반드시 이런 '배신'을 마주할 수밖에 없다. 상상의 베일이 벗겨지고 자신이 알던 대상이 사라지면, 그 빈자리를 또 다른 대상으로 채우려 한다. 그리고 나중에 배신을 또 경험한다.

우리가 추구해야 할 행복은 똑같은 것들의 반복이 아니다. 단 하나라도 진실한 것을 추구해야 한다. 진실한 것은 상상적인 것과 정반대의 모습이다. 상상적인 것은 겉으론 신선한 짜릿함을 주지만, 그 본질은 진부하다. 반면 진실한 것은 겉보기에 진부한 것 같지만, 그 본질은 무한히 새롭다. 베유는 이 둘의 차이를 문학과 연결해 다음과 같은 탁월한 통찰을 했다. "상상적인 악은 낭만적이고 다채롭다. 실제의 악은 침침하고, 단조롭고, 황량하고, 지루하다. 상상적인 선은 지루하다. 실제의 선은 언제나 새롭고, 경이롭고, 흥미진진하다. 그러므로 '상상적인 문학'은 지루하거나 비도덕적이다.(혹은 이 둘의 혼합이다.) 문학은 오직 예술의 힘을 통해 실재의 차원으로 넘어감으로써 이 구도로부터 빠져나갈 수 있다."

수많은 영화나 드라마가 자극적인 소재와 연출을 선보이는 이유는 선은 지루하고 악은 흥미진진하기 때문이다. 그런데 베유에 따르면 도덕적이고 선한 이야기는 실제로 지루한 게 아니다. 욕망으로 세워놓은 기준에 맞지 않기에 지루하게 '보이는' 것뿐이다. 반대로 악하고 자극적인 이야기는 진실로 흥미진진한 게 아니다. 우리가 가상적으로 만든 쾌락의 기준을 충족시키기에 흥미진진해 '보이는' 것뿐이다. 만약 있는 그대로 진실한 모습에 주의를 기울이면, 선한 것이야말로 무한히 다채로운 모습을 드러낸다.

삶에서 진실한 의미와 재미를 발견하고 싶은가? 그렇다면 진실을 마주하려고 노력해라. 진실한 모습 속에서 대상은 각자의 고유한 의미와 재미를 드러낸다. 우리는 자주 대상을 선별하는 것에 집착한다. 의미 있는 대상을 만나야 의미를 발견할 수 있다고 여긴다. 재밌는 사람을 만나야, 재밌는 영화나 드라마를 봐야, 재미를 얻을 수 있다고 생각한다. 그런데 진실한 의미와 재미는 특정한 대상 속에만 들어 있는 게 아니다. 모든 대상 속에 어떤 형태로든 이미 자리 잡고 있다. 그것을 발견하기 위해서는 진실을 향한 주의 집중이 필요하다. 그러한 노력 없이 새로운 대상만 좇으면 상상적인 의미와 재미만 좇게 된다. 그리고 앞서 살펴봤듯이 상상적인 것들은 반드시 우리를 배신한다. 실망이나 공허함을 마주하는 것이다.

구두쇠, 포르노, 불륜은 모두 대상과 상상으로 관계한다는 공통점이 있다. 구두쇠는 자기 보물을 실제보다 가치 있게 여긴다. 포르노를 보는 사람은 성적 대상으로서의 면모를 극단적으로 확대한다. 불륜을 저지르는 사람은 그 관계를 실제보다 더 새롭고 짜릿한 것으로 착각한다. 하지만 상상이 힘을 잃는 순간 이런 관계들은 급속도로 무너진다. 진실한 사랑은 예상과 다른 상대 모습을 마주하고도 여전히 아름다움을 느끼지만, 상상에 기반한 관계들은 이러한 '진실'을 마주할 때 실망하고 '배신'을 당했다고 느낀다. 그들은 그렇게 반복적으로 배신을 당하면서도, 그 원인이 어디에 있는지 결코 깨닫지 못한다. 대상의 실제 모습이 내가 상상하던 것과 다르다는 것을 알게 되는 충격의 순간, 당연하다는 듯이 대상을 탓하고 배신자라고 생각한다. 하지만 이 배신의 주범은 언제나 자신이다. 나의 상상이 나를 배신하는 것이다.

과연 우리가 맺고 있는 사랑에는 얼마나 많은 상상적 요소가 개입하고 있을까? 나는 정말 상대의 모습을 있는 그대로 마주하고 있는 걸까? 아니면 나의 욕망과 의지를 투사해 바라보는 걸까? 나는 상대의 고유한 질 속에서 의미를 발견하고 있을까? 아니면 그저 상대를 양적으로 대하며 나의 만족을 위한 에너지원으로 사용하고 있을까? 진실은 언제나 상상 너머에 있다. 중요한 것은 자신에게 의문을 던지며, 진실을 위해 노력하는 것이다.

## 13.
## 내 머릿속에는 악마의 편집자가 산다

대상은 끊임없이 변한다.
내 기억이 나를 끊임없이 속이기에
내가 그 변화를 알아차리지 못하는 것일 뿐이다.
_루트비히 비트겐슈타인

·

오랫동안 준비했던 프로젝트를 마치고 기진맥진해 있던 어느 날 저녁이었다. 두 달 가까이 모든 체력과 정신적 에너지를 쏟아부은 나는 그날 저녁만큼은 정말 쉬고 싶었다. 때마침 J는 친구를 만나고 집에 늦게 돌아올 것 같았다. 그래서 나는 간단하게 라면을 끓여 먹고 가만히 누워 쉬겠다는 야심 찬 계획을 세웠다. 그런데 그때 J에게 문자메시지가 왔다. "나 약속 생각보다 일찍 끝나서 지금 집 가. 삼겹살 먹을까?"

나름대로 나를 생각해서 하는 제안 같았다. 그날 내 프로젝트가 끝난다는 것을 알고 있었기에, 기념도 할 겸 맛있는 걸 먹자는 이야기였다. 삼겹살은 집에서 간단하게 해 먹을 수 있는 요리 중 가장 맛난 음식이었다. 마침 고기를 안 구워 먹은 지도 꽤 오래된 시점이었다. 여러모로 J의 제안은 꽤 사려 깊고 합리적이었다. 다만 내가 얼마나 피곤한지를 정확히 예상하지는 못했던 것만 빼고.

## 그날 나는 왜 짜증이 났을까?

어쨌든 나는 알겠다고 답장했고, 우리는 집 앞 마트에서 만나 삼겹살과 채소를 샀다. 그리고 집으로 돌아와서 상을 차리기 시작했다. 나는 내가 재료 손질을 할 테니 J는 식탁을 정리해달라고 부탁했다. 그런데 그 시기에 석사 졸업논문으로 고민하고 있던 J는 그날 자신이 연구한 논리를 간단히 말해줬고, 나는 그 논리에 A라는 문제가 있는 것 같으니 더 자세히 찾아봐야 할 것 같다고 말했다. 연구 때문에 스트레스를 많이 받던 J는 내가 지적한 문제가 무척 신경 쓰였던 것 같다. 그래서 그 자리에서 핸드폰으로 검색하기 시작했다.

나는 그사이 고기와 채소 손질을 마쳤다. 그런데 시간이 꽤 지났는데도 J는 검색을 멈출 기미를 보이지 않았다. 그래서 나는 그냥 테이블 세팅까지 하기 시작했다. 평소 같으면 별 생각이 안 들었을 것이다. 상을 닦고 버너를 올리고 수저와 접시를 놓는 게 별일은 아니니 말이다. 그런데 그날따라 아주 피곤했던 나는 갑자기 짜증이 났다. 그냥 가만히 쉬려던 사람 불러내서 장 보게 하더니 간단한 일조차 도와주지 않고 핸드폰만 바라보는 게 너무 얄미웠다. 그래서 채소가 담긴 접시를 상에 쿵 하고 놓으며 울컥, 한마디를 쏟아냈다. "도와주는 척이라도 해라 좀!"

"나는 네가 문제가 있다고 하니까 신경 쓰여서 찾아본 거지!" J 역시 나의 공격적인 말을 듣더니 기분이 상했는지 퉁명스럽게 말했다.

"나 오늘 진짜 너무 피곤해서 그냥 라면 먹고 쉬려고 했는데 네가 삼겹살 먹자고 해서 이렇게 차리고 있는 거야. 근데 세팅하는 거 그 간단한 걸 안 도와줘?" 나는 마치 삼겹살을 먹자고 제안한 J에게 문제가 있는 것처럼 따졌다.

"나도 오늘 진짜 피곤했어. 근데 너 오늘 프로젝트 끝난 거 기념하려고 맛있는 거 먹자고 한 거야. 그리고 내가 평소에 너 안 도와주는 것도 아닌데, 갑자기 왜 그래? 내가 집안일 안 하는 것도 아니고, 네가 요리하는 만큼 나는 청소 많이 하잖아." J는 지지 않고 말했다.

맞는 말이었다. 평소에도 내가 대부분 요리를 하지만, 그만큼 J는 내가 싫어하는 청소와 정리에 신경을 많이 쓴다. 또, 내가 억지로 요리하는 것도 아니다. 좋아해서 도맡을 뿐이고,

간단한 재료 손질이나 설거지는 J가 도움을 줄 때도 많다. 따라서 그날 하루 J가 나를 도와주지 않았다고 화를 낼 이유는 없었다.

더군다나 J는 무언가를 한번 시작하면 자신이 어느 정도 만족할 때까지 밀고 나가는 스타일이다. 내가 졸업논문에 대해 지적한 이상, 그걸 해결할 간단한 실마리라도 잡고 나서 후련한 마음으로 밥을 먹고 싶었을 것이다.

그런데 그날따라 몹시 피곤했던 나는 여유롭게 기다리지 못하고 더 급하게 식사를 준비했다. 빨리 모든 걸 해치우고 쉬고 싶었으니까. 그 와중에 J가 내 템포에 따라오지 않으니 화가 났다. 차라리 도와달라고 한 번 더 차분하게 말했으면, 분명 도와줬을 것이다. 그런데 다짜고짜 나무라는 식으로 화부터 내니 J도 당혹스럽고 억울했을 것이다.

## 내 기억에는 항상 상대가 잘못했다

다행히 식탁에 앉은 후 우리는 어찌저찌 화해했다. 시간이 조금 걸리긴 했지만, 서로 잘못한 부분을 인정하고 사과도 했다. 다음부터 서로의 상태와 의사소통 방식에 조금 더 신경 쓰자고 다짐했다. 고기도 맛나게 구워 먹었다.

사랑이란 관계에는 틀림없이 이렇게 화나고, 원망스럽고, 고통스러운 순간들이 포함된다. 실재하는 대상은 내 의지대로 움직이거나 변화하지 않기 때문이다. 오직 가상의 상대만이 내 마음대로 움직이고 모습도 바꾼다. 따라서 모든 실재하는 사랑에는 나의 의지와 상대방의 모습, 그 사이의 간극 때문에 필연적으로 생겨나는 좌절과 당혹감, 분노 등이 따를 수밖에 없다.

그런 갈등은 결코 한순간의 일로만 일어나지 않는다. 사람들은 '쌓였던 게 폭발했다'라는 표현을 자주 한다. 지금, 이 순간에 일어나는 갈등은 결코 지금 상대방의 행동 하나로 일어난 게 아니다. 지금의 갈등은 상대의 과거 행적에 대한 나의 해석과 연관이 있다.

나는 무엇 때문에 그렇게 화를 냈을까. 단지 그날 나를 도와주지 않았다는 상황 하나로 화가 났던 게 아니다. 기분이 조금씩 안 좋아지는 과정에서, 나는 내가 과거에 음식을 준비하는 와중에 J가 아무것도 안 하고 놀고 있던 장면들을 떠올렸다. 그러면서 은근히 생각했다. '왜 맨날 나만 음식 준비를 하지?' 이런 생각을 통해 J가 현재 나를 도와주지 않고 핸드폰만 쳐다보는 모습은 이전까지 내가 수없이 겪어왔던 '수모'를, 나 혼자서만 일하고 J는 놀고 있는 상황을 또다시 되풀이

하는 것처럼 의미 부여가 됐다. "도와주는 척이라도 해라 좀!"이라는 나의 말에는 '맨날 나만 일하고 너는 쉬어?'라는 뉘앙스가 담겨 있었다. 이런 뉘앙스를 즉시 눈치챘기에, J는 평소에는 자신이 요리를 도와주기도 하고 다른 집안일도 많이 한다고 받아친 것이다.

상대의 과거에 대한 해석은 내 기억을 근거로 이뤄진다. 그리고 기억은 상대방의 현재 행동에 대한 내 평가와 불가분의 관계를 맺고 있다. 지금까지 좋은 기억을 많이 갖고 있다면, 상대가 작은 잘못을 저질러도 여유 있게 반응한다. 실수한 거겠지, 오늘따라 기분이 안 좋나보다, 저러다가 말겠지. 이런 식으로 생각한다. 반면 지금까지 나쁜 기억을 많이 쌓았다면 작은 잘못에도 예민하게 반응한다. 또 저러네, 왜 맨날 저럴까, 진짜 문제가 많다, 앞으로도 저러겠지. 이런 식으로 완전히 부정적인 평가를 내린다.

기억에 의한 판단은 당연히 합리적인 점이 있다. 대상을 순전히 현재의 관점에서만 바라보면 잘못된 판단을 할 가능성이 크다. 어제까지 무고한 사람에게 폭력을 휘두르던 사람에게는 어제까지 저질러 왔던 나쁜 행동들이 습관이나 경향성이 되어 내재적으로 남아 있을 것이다. 따라서 합리적인 판단은 당연히 과거에 대한 기억을 종합적으로 고려해 이뤄져야 한다.

그런데 문제는 기억은 객관적이진 않다는 점이다. 우리는 흔히 기억이 대체로 정확할 거라고 착각한다. 하지만 기억에는 우리가 경험한 사건의 객관적인 정보만 들어 있는 게 아니라, 필연적으로 왜곡과 심리적 조작이 더해진다. 결코 조작되지 않은 기억은 없다.

어렸을 때 친구들과 놀이터에서 놀던 기억을 떠올려 보자. 나와 친구들이 한데 어울려 신발 던지기도 하고, 구름다리도 타고, 불장난(?)도 하고…. 아마 이렇게 삼인칭 관점에서 자신과 친구들을 지켜보는 모습을 떠올린 사람이 많을 것이다. 이상하지 않은가? 나는 분명 그 당시에 일인칭 관점에서 상황을 경험했을 테니 말이다. 내 손이나 내 다리를 지켜본 적은 있겠지만, 삼인칭 관점에서 내 모습 전체를 본 적은 결코 없다. 이런 식으로 우리의 기억은 이미 조작적인 면모를 포함하고 있다.

그런데 일인칭 관점의 기억이라고 해서 더 객관적인 것은 아니다. 어느 아침, 등교 또는 출근을 하며 바라본 거리의 풍경을 떠올려 보자. 이때 떠오른 풍경에 대한 기억은 객관적인 정보일까? 그런 측면도 있고 그렇지 않은 측면도 있다. 물론 가로수의 푸른 색깔이나 건물 형태에 대한 기억은 상당 부분 객관적인 정보에 기초하고 있을 것이다. 하지만 사실 당시 그 풍경을 바라보며 내 의식에 입력된 정보는 그보다 훨씬 다양했을 것이다. 예를 들어서, 등교나 출근이 정말 하기 싫다고 생각하고 있었을 수도, 그냥 어딘가로 훌쩍 여행을 떠나고 싶다는 충동을 느끼고 있었을 수도, 지나가는 사람과 자동차를 어렴풋이 의식하거나, 햇살의 따스함을 느끼고 있었을 수도 있다.

하지만 우리는 기억을 할 때, 항상 그 다양한 정보 중 극히 일부만을 간직하고 떠올린다. 내가 가로수와 건물을 떠올린다는 것은 그 옆에 지나가고 있던 사람, 당시 느끼고 있었던 공기의 온도 등을 배제했다는 뜻이다. 이런 의미에서 모든 기억은 수많은 정보를 축약하거나 삭제하고 일부 정보만을 확대 재해석한 왜곡된 결과물이다.

## 기억의 현재성

철학자 피터 골디는 기억은 구성되는 것이라고 말한다. 그에 따르면 기억은 객관적인 과거 정보의 나열이 아니다. 과거에 받아들인 정보를 기본 재료로 해서, 그 이후에 추가된 다양한 요소를 바탕으로 구성되는 것이다.

특히 기억에서 과거만큼 중요한 것은 현재다. 현재 내가 무엇을 느끼고 어떤 생각을 하는지에 따라 과거에 대한 기억은 달라진다. 예를 들어서, 배낭여행을 하다가 날씨가 너무 더워서 힘들었다고 치자. 분명 그 당시에는 육체적으로 고통스러웠고, 부정적인 감정을 느꼈고, '괜히 더운 나라에 왔네'라고 생각했다. 그런데 우여곡절 끝에 여행을 끝마치고 본국으로 돌아오는 비행기 편에 시원한 에어컨 바람을 쐬면, 왠지 모를 뿌듯함과 함께 여행지에서 겪었던 고통이 다 씻겨 내려가는 느낌을 받는다. 그러면 이제 이런 생각이 든다. '이번 여행은 정말 너무 좋고 재밌었어!'

그리고 주변 사람들에게 여행 경험을 이야기하면서 자랑스럽고 뿌듯하다는 느낌을 받는다. 여행지에서 느꼈던 고통은 기억 속에서 점차 옅어지고, 어느 정도 시간이 지나면, 이제 여행지에서의 고통은 오히려 즐거운 추억으로 의식 속에 각인된다.

이렇듯 기억은 객관적인 과거 정보와 거리가 멀다. 언제나 정보의 축소, 삭제, 확대 등을 포함하며, 현재 내 기분이나 생각의 영향을 받아 변형된다. 이런 맥락에서 기억과 합리성의 관계는 역설적이다. 대상에 대한 판단은 분명 현재뿐만 아니라 과거에 대한 기억을 종합적으로 고려해야 합리적으로 이루어질 수 있다. 하지만 막상 기억은 조작과 왜곡이 더해진다. 따라서 기억에 기초해 누군가에 대한 주요한 판단을 내릴 때는 매우 조심해야 한다. 비록 자신의 관점에서는 과거에 대한 '객관적인 기억'을 바탕으로 합리적인 판단을 내린다고 생각할지 몰라도, 사실 그 기억은 내 취향이나 현재 상태에 따라 변형됐을 가능성이 크기 때문이다.

특히 분노에 휩싸일 때, 우리는 상대의 부정적인 면모들을 집중적으로 떠올린다. 우리는 화가 날 때 생각한다. '쟤는 왜 맨날 저러지?' 그런데 사실 상대방은 '맨날' 그러지 않았을 수도 있다. 오히려 좋은 행동을 더 많이 했을 수도 있다. 그런데 지금 내 분노가 상대의 좋은 면모를 기억 속에서 축소·삭제하고 못된 면모만을 확대해 부정적 감정과 판단을 결부시킨 것일 수 있다. 분노에서 벗어난 뒤, 우리는 자주 이렇게 말한다. "미안, 그때는 너무 화가 나서 제대로 판단을 못 했어."

## 당신의 기억은 조작되었다

악마의 편집은 방송에서만 일어나는 일이 아니다. 인간의 기억에서도 악마의 편집이 이루어진다. 자극적인 예능 프로그램에서 편집을 통해 무고한 사람을 희대의 비열한 사람으로 만드는 것처럼, 우리의 기억도 종종 비슷한 일을 저지른다. 기억에서는 평범한 사람도 얼마든지 비난받아 마땅한 악한 인간이 될 수 있다. 상대의 과거를 실제보다 더 부정적으로 기억하는 것이다.

기억은 분명 우리 삶을 구성하는 핵심 요소이고, 사랑에서도 없어서는 안 될 소중한 요소다. 만약 사랑하는 사람에 대한 기억이 사라진다면? 어떤 의미에서는 사랑 자체를 잃어버리는 셈이다. 그러나 반대로 기억 때문에 사랑이 파괴되기도 한다. 우리는 자신의 기억을 철석같이 믿는다. 내 기억에 따르면 상대가 못된 사람인 게 분명하다고 생각한다. 그리고 지금까지 수없이 상처를 준 상대에게 내가 모진 말을 내뱉는 건 정당한 처사라고 판단한다.

상대에 대한 부정적인 기억은 언제나 내 머릿속 편집 과정에 의해 생겨난다. 기억의 본질은 조작이다. 정도의 차이일 뿐이지 모든 기억은 조작을 포함한다. 완전히 객관적인 기억은 존재하지 않는다. 따라서 기억에 의존해 상대를 비방할 때는 반드시 그 전에 자신에게 반문해 봐야 한다. 이것은 정말로 정당한 기억인가? 지나치게 왜곡된 것은 아닌가? 나도 모르게 악마의 편집을 하고 있지는 않은가?

방송을 볼 때 어떤 사람들은 출연자의 언행에 과몰입하며 지나친 비난을 퍼붓는다. 그런 비난은 편집의 역할을 과소평가한 결과일 때가 많다. 실제로 방송에서 편집은 거의 절대적인 영향력을 가진다. 출연자가 아무리 나쁜 행동을 많이 해도 그걸 다 잘라내면 매력적인 인물로 만들 수 있다. 반대로 99가지의 착한 일을 했어도 하나의 실수를 부풀려서 편집하면 얼마든지 나쁜 인물이 될 수 있다.

기억도 마찬가지다. 어떤 학생은 비싼 핸드폰을 사주지 않는다는 이유만으로 평범한 아버지를 형편없는 아버지로 기억한다. 특별히 배은망덕한 사람만 이런 악마의 편집을 하는 게 아니다. 누구나 평정심을 잃는 상황이 되면, 이런 심각한 왜곡을 저지른다. 어떨 때 우리는 평소에는 도저히 이해할 수 없을 만한 심각한 기억 조작을 저지른다. 피곤함, 분노, 증오, 흥분, 압박감, 부담감, 우울감, 힘든 상황 등 원인은 다양하다.

중요한 것은 그로 인해 우리가 순간적으로 왜곡된 기억에 빠져들어, 소중한 사람에게 지울 수 없는 상처를 줄 때가 있다는 것이다. 이런 사태를 막기 위해서는 기억의 본질에 대해 제대로 이해해야 한다. 기억은 객관적인 과거의 정보가 아니라, 지금 내가 만들어 가는 것이다. 따라서 우리는 자신의 기억이 정말로 정당한지, 혹시 감정이 잠시 격해지거나 상황에 휘둘려서 정보를 왜곡한 것은 아닌지, 충분히 의심해야 한다.

## 14.
## 사랑과 재즈의 공통점

사람들이 재즈를 지적인 이론으로 분석할 때 나는 당혹스럽다.
재즈는 느낌이다.

_빌 에반스

처음 봤을 때와 두 번째 봤을 때가 전혀 다르게 느껴지는 작품들이 있다. 내게는 데이미언 셔젤 감독의 영화 〈라라랜드〉가 그렇다. 미국 로스앤젤레스를 배경으로 펼쳐지는 한 남녀의 꿈과 사랑, 이별에 관한 이야기를 뮤지컬 형식으로 다룬 영화다.

20대 초반 처음 이 영화를 봤을 때는 너무 산만하다는 느낌이 들었다. 음악과 연출은 훌륭하지만 그걸 뒷받침해주는 스토리 진행이 미흡하다고 느꼈다. 등장인물의 관계가 촘촘히 연결되는 것도 아니고, 줄거리의 개연성이 뚜렷한 편도 아니었다. 그래서 별로 깊은 울림을 느끼지 못해, 영화관을 나서며 아쉬워한 기억이 난다.

그런데 몇 년 뒤 우연히 이 영화를 다시 봤을 때는 예전과는 완전히 다른 느낌이 들었다. 등장인물들의 심리나 선택에 깊이 공감했고, 보는 내내 눈물이 멈추지 않았다. 영화는 분명 변하지 않고 그대로였다. 변한 것은 영화를 받아들이는 내 마음이었다.

### 그들이 이별한 진짜 이유

사라져가는 재즈의 전통을 잇는, 자신만의 재즈클럽을 운영하는 것을 꿈꾸는 피아니스트 세바스찬, 그리고 할리우드의 한 카페에서 아르바이트를 하며 오디션을 보러 다니는 배우 지망생 미아. 하지만 세바스찬은 창업을 하려다 사기를 당해 가진 돈을 모두 잃고, 미아는 오디션마다 반복되는 냉담한 대우와 탈락 경험으로 좌절한다. 이렇게 꿈 말고 가진 게 없는 두 사람이 운명처럼 로스엔젤레스 한복판에서 만난다. 둘은 사랑을 나누며 서로를 응원하고 함께 미래로 달려가기를 꿈꾼다.

하지만 현실은 녹록지 않다. 세바스찬은 미아를 위해서라도 안정적인 직장이 필요하다고 느껴, 대중음악 밴드의 일원으로 전국투어를 다닌다. 그러나 미아는 그렇게 고유의 정체성을 점점 잃어가는 세바스찬을 보며 낯선 감정을 느낀다. 미아는 결국 세바스찬에게 밴드 일을 언제까지 할 거냐고, 네가 정말 하고 싶은 일은 그게 아니지 않냐고 묻는다. 하지만 미아와의 관계를 위해 꿈을 버리고 안정적인 직업을 택한 세바스찬은 미아의 그런 반응에 크게 서운함을 느낀다. 결국 둘은 심하게 다툰다.

"너는 내가 백수일 때가 좋았나 봐. 그래야 네가 우월감이 드니까." 세바스찬은 원망을 쏟아낸다.

"너 그 말 농담이지?" 미아가 세바스찬의 강한 발언을 듣고 충격을 받아 묻는다.

"아니." 세바스찬이 대답한다. 그리고 머릿속으로 복잡한 생각을 한 후 의미심장한 한마디를 던진다. "나는 모르겠어."

이 말을 듣고 미아는 자리를 떠나버린다. 그 후 미아는 열심히 준비한 일인극을 공연하지만, 세바스찬은 밴드 화보 촬영 때문에 가지 못한다. 공연에 관객은 거의 없었고, 미아는 공연이 끝난 후 관객들이 욕하며 나가는 목소리를 듣는다. 그녀는 크게 좌절하고 배우의 꿈을 접겠다고 결심한 후, 모든 연락을 끊은 채 고향에 내려간다.

그런데 며칠 후 세바스찬에게 한 통의 전화가 걸려온다. 우연히 미아의 일인극을 본 한 유명 캐스팅 디렉터가 그녀에게 오디션 기회를 주고 싶은데 전화를 안 받는다는 거였다. 이 말을 들은 세바스찬은 곧장 미아의 고향집에 가서 소식을 전한다. 하지만 미아는 그동안 너무 많은 상처를 입어서 다시 도전할 용기가 나지 않는다고 말한다. 세바스찬은 그런 그녀를 강하게 설득해 결국 오디션장에 데려간다. 후련하게 오디션을 본 후, 그들은 로스엔젤레스의 한 언덕 위 공원에 앉아 이야기를 나눈다.

"우리 어디에 있는 거지?" 미아가 묻는다. 물리적 위치를 묻는 게 아니라 둘 사이의 관계가 도대체 어디를 향해 가고 있는 거냐고 묻는 질문이었다. 여기에 세바스찬은 복잡한 생각을 담아 대답한다. "모르겠어."

이후 미아는 오디션을 봤던 작품에 주인공으로 캐스팅이 되고 일약 스타 배우가 된다. 세바스찬 역시 자신이 그토록 원하던 재즈클럽을 열게 된다. 그렇다면 두 주인공의 사이는 어떻게 됐을까? 이에 대한 자세한 묘사는 영화에서 생략되어 있다. 다만 서로 이별했다는 사실만 암시된다. 아마 언덕 위 공원에서 이야기를 나눈 이후, 각자의 길을 걸어가기로 결정했던 것 같다.

그들은 왜 이별을 결심했을까? 가난하고 불안한 시기를 지나 이제 좀 빛을 볼 것 같은 희망의 시기에, 왜 서로를 떠나기로 결정한 걸까? 왜 서로를 응원하면서도 사랑의 관계는 회복하지 않았을까?

중요한 것은 둘 중에 누군가 명백하게 잘못해서, 경제적인 상황이 너무 안 좋아서, 심각한 성격이나 사상 차이가 있어서, 혹은 꿈이 완전히 무너지고 좌절감에 휩싸여서…. 이런 명확한 이유로 두 사람이 이별한 것이 아니라는 점이다. 둘은 확실한 이유 없이, 마치 무언가 보이지 않는 힘에 이끌리기라도 한 것처럼 각자의 길을 걷게 된다. 어쩌면 반복해서 등장하는 세바스찬의 "모르겠어"라는 말은 그들의 만남과 이별 안에 자리한 본질적인 불명확성을 상징하는 말일지도 모르겠다.

## 당신의 사랑은 얼마나 선명한가?

현실에서 사랑은 늘 본질적인 불명확성에 휩싸여 있다. 우리는 대개 상대를 '만날 이유'가 있어서 관계를 맺고 '헤어질 이유'가 생겨서 이별한다고 생각하지만, 사실 만남과 이별 대부분은 명확한 이유 없이 이뤄진다.

사랑이 아닌 다른 인간관계에서도 마찬가지다. 뜻하지 않게 우연히 만나서 말을 걸게 되고, 나도 모르게 분위기에 이끌려 가까워지고, 어느 누가 명확한 원인 제공자라고 말하기 어려운 갈등을 겪으며 사이가 틀어지는 일이 항상 벌어진다. 그 설명할 수 없는 것들에 어떻게든 이유를 찾고 질서와 정당성을 부여하려 해도, 결국 도저히 설명할 수 없이 남아 있는 것들이 있다. 그래서 결국엔 "모르겠다"는 말밖에는 할 수 없는 상황을 마주하게 된다. 왜 이 사람과 함께하고 있는지, 왜 모진 말을 내뱉었는지, 왜 내 머리와 마음이 일치하지 않는지, 왜 싸우고 고통받고 힘들어야 하는지, 왜 이별을 말했는지. 이 모든 것의 이유는 흐릿한 안개에 휩싸인 채 결코 명확한 모습을 드러내지 않는다. 헤어진 커플들이 가장 많이 내세우는 결별 사유인 '성격 차이'라는 단어는 바로 그런 걸 표현한 걸지도 모른다.

맨 처음 〈라라랜드〉를 봤을 때 이야기 진행이 탄탄하지 않다고 느꼈던 가장 큰 이유는 미아와 세바스찬의 관계 흐름이 내 입장에선 깔끔하게 설명되지 않는다고 느꼈기 때문이다. 대학에서 논리학을 배우며 명제들 사이의 '올바른' 연결 관계를 따지는 일에 혈안이 되어 있던 나는 등장인물이 서로 만나 사랑에 빠지고, 감정이 고조되고, 이별까지 이르는 그 모든 과정이 매끄럽지 않다고 느꼈다. 그들이 말하고 결정하고 행동하는 모습에 충분히 '합리적인' 이유가 없다고 생각했다.

영화에 완전히 몰입하기에는 그런 비합리성이 너무 눈엣가시처럼 걸렸다.

그랬던 내가 몇 년이 지나 이 영화를 다시 봤을 때, 이전과는 다르게 두 주인공에게 깊이 공감하며 눈물을 훔쳤던 이유는 무엇일까? 그건 그동안 세상의 좀 더 다양한 면모를 접하면서, 사실 인간의 삶이라는 것이 그렇게 합리적으로만 흘러가지는 않는다는 사실을, 때로는 도저히 설명할 수 없는 무언가에 이끌려 말하고 느끼고 행동하게 된다는 것을 깨달았기 때문이다.

지금까지 내가 걸어온 삶의 궤적 또한 합리성과는 거리가 멀다. 나는 철학을 공부하고, 배운 것을 유튜브를 통해 사람들에게 전하고, 지금 이 책을 쓰고 있다. 나는 도대체 왜 이런 삶을 살까? 어디서 이런, 때로는 바보처럼 느껴지는 열정이 싹튼 걸까? 왜 나는 당장 작은 단칸방 월세 보증금 낼 돈조차 수중에 없으면서 J와 함께 외국 생활을 한 걸까? 어떻게 우리는 매일 밤 미래에 대한 불안에 떨면서도 서로의 손을 꽉 붙들며 버티는 걸까? 이 모든 것에 대해 나는 답을 모른다. 아무도 듣지 않는 재즈를 사랑하고 그것을 지켜내려는 세바스찬처럼, 온갖 상처를 입으면서도 젊음을 던져 배우의 길에 도전하는 미아의 꿈처럼, 합리적 이유로 설명될 수 없는 꿈과 삶의 방식일 뿐이다.

그것은 나로서는 알 수 없고 어찌할 수도 없다. 반쯤은 비합리성이 지배하는 미지의 힘에 이끌린다고 할까. 사실 우리 모두의 삶이 그렇다. 한번 불이 붙으면 속절없이 흔들리며 심지를 따라 타 내려가는 촛불처럼, 우리는 각자 내던져진 길을 덜컹거리며 우왕좌왕 굴러 내려가고 있다. 그때그때 우리 앞에 놓인 지형이 우리의 방향을 어떻게 바꿔놓을지 전혀 알 수 없는 채로.

## 우리는 왜 희생양을 만드는가

누군가의 이별을 바라볼 때, 우리는 흔히 둘 중에 누가 잘못을 했는지 따지고 가려내려 한다. 남자친구가 가부장적이어서, 여자친구가 돈을 너무 안 쓰려고 해서, 이처럼 우리는 자연스럽게 이별을 헤어질 만한 이유와 연결 짓는다. 이별 당사자 둘 중 한 명 혹은 둘 모두가 헤어질 이유를 제공했고, 그로 인해 결국 그들이 헤어졌다는 식으로 이별이라는 사건을 파악한다.

그러나 정말 그럴까? 실제로는 이별이 먼저 발생하고, 그 후에 이유를 가져다 붙이는 경우가 훨씬 많다. 우리는 누군가와 갈등을 겪을 때 '문제가 있어서' 그런 갈등을 겪는다고 생각하지만, 사실은 이미 갈등을 겪는 와중에 특정 문제를 '갖다 붙여서' 상대를 공격하는 경우가 더 많다. 연인들도 비슷하다. 서로 싸우고 싶어서 싸움을 거는 현상이 흔히 엿보인다. 얼핏 보기에는 상당히 아이러니한 이런 일들은 생각보다 자주 일어난다.

철학자 르네 지라르는 인간의 폭력성이 자주 무고한 대상을 향한다는 점에 주목했다. 그에 따르면 인간의 폭력적 충동은 한번 생겨나면 쉽게 사라지지 않고 끈질기게 잠재된 형태로 남는다. 그러다 애초에 내 폭력성을 자극한 대상에게 직접 폭력을 가할 수 없게 되면, 금방 주변에 있는 다른 무고한 대상에게 폭력성을 표출한다.

지라르는 원시 사회부터 꾸준히 행해진 종교적인 희생제의가 바로 이러한 폭력의 특성을 해결하기 위해서 일어났다고 말한다. 사회 속에서 사람들은 각종 폭력적 충동을 갖게 되고, 이러한 충동을 우회적으로 해소하기 위해 '희생양'을 찾는다는 것이다. 그 대상은 주로 가축이지만, 때로는 인간도 희생양이 된다.

이러한 현상은 현대에도 얼마든지 일어난다. 사람들은 때때로 연예인이나 정치인, 특정 인종이나 성별, 세대 등의 대상에게 정도를 훨씬 뛰어넘는 무차별적 공격을 퍼붓는다. 이는 직접적 경로를 통해 해소되지 않은 폭력성이 엉뚱한 존재에게게 집중되는, 지라르가 언급한 희생양 현상과 같다. 이때, 애초에 폭력적 충동을 일으켰던 그 대상이 정확히 뭐였는지는 더 이상 알 수도 없고 중요하지도 않다. 끊임없이 대체적 희생양을 찾아 전이되는 폭력성은 이제 그 자체로 독자적인 힘을 갖고 날뛴다. 공격할 만한 사유가 있어서 폭력이 저질러지는 게 아니라, 폭력을 저지르고자 공격할 만한 이유를 찾는 모습이 도처에서 벌어진다.

연인 사이의 갈등과 이별에도 비슷한 구조가 나타난다. 갈등의 원인은 사실 다른 데 있는데, 상대를 엉뚱한 희생양으로 삼아 자신의 분노를 배출할 때가 있다. 별것 아닌 일에도 괜히 짜증이 나고, 별 뜻 없는 평범한 말에 예민하게 반응하고, 평소 같으면 그냥 넘길 일을 서운하게 생각하고, 차분한 말로 풀 수 있는 문제에 공격적으로 대응한다. 점점 커지는 갈등의 연쇄를 분명히 끊어내고 관계 회복을 할 수 있는데도 그렇게 하지 않는다. 우리 안의 깊은 욕망이 다툼을 원하고 있기 때문이다.

관계의 파멸까지 이를 수 있는 폭력적인 과정에 휘말려 드는 것을, 나의 또 다른 자아가 은밀하게 바라고 있다. 이렇게 우리는 갈등의 불씨를 키우며, 그 속으로 자신과 상대를 교묘하게 밀어넣는다. 그렇게 해서 갈등이 고조되면, 우리는 비로소 명시적으로 생각한다. '저 사람은 문제가 있다. 그래서 우리가 싸우는 거다.' 하지만 사실 갈등은 그 문제 때문에 일어난 게 아니다. 갈등은 이미 있었다. 문제가 갈등을 키운 게 아니라, 갈등을 위해 문제가 생겨난 것이다.

사람들은 이러한 비합리적인 면모가 자신에게 있다는 사실을 부정한다. 자신은 다 그럴 만한 이유가 있어서 화를 내고 싸운 것이라 생각한다. 인간을 이성적 주체로 바라보는 시각에서는 우리가 엉뚱한 곳에 폭력성을 표출하며 갈등과 파괴로 자신을 몰아넣는다는 '불편한 진실'이 커다란 거부감을 유발하기 때문이다.

하지만 비합리성도 우리의 자연스러운 일부다. 나도 모르게 모진 말을 하고, 별거 아닌 일에 감정이 상하고, 합당한 이유 없이 상대에게 상처를 준다고 해서 전부 악마 같은 인간이 되는 건 아니다. 모든 인간에게는 그런 비합리적인 폭력 충동이 있다. 합리적 면모와 비합리적 면모가 뒤섞인 것이야말로 너무나 일반적이고 현실적인 인간의 모습이다. 오히려 자신에게는 비합리적인 면모가 전혀 없다고 부인하는 이들이 더 위험하다. 그들은 더 자신감 있게 엉뚱한 대상을 심하게 공격한다.

인생의 모든 부분을 논리적으로 반듯하게 만들려는 태도는 오히려 삶을 경직되고 부자연스럽게 만든다. 그렇다면 우리에게 진정으로 필요한 것은 무엇일까? 어떻게든 합당한 이유를 찾아 내 모든 행동을 설명하는 게 아니라. 도저히 설명할 수 없는 내 존재의 일부를 있는 모습 그대로 인정하고 받아들이는 것이다.

## 아침에 싸우면 밤에 다시 입맞추는 관계

사랑은 결코 행복으로만 가득한 관계가 아니다. 때론 이해할 수 없는 갈등을 겪으며 고통스럽고, 전혀 예상치 못한 문제로 관계가 산산조각날 수도 있다. 그럴 땐 납득할 만한 합리적인 이유를 찾으려 할수록 더 아프고, 더 분하고, 더 큰 복수심에 휩싸일 것이다. 때로는 '이렇게 말도 안 되는 일이 일어나고, 사람이 이렇게 이상해질 수가 있구나' 하고 넘길 필요도 있다.

박연준 시인은 산문집 『인생은 이상하게 흐른다』에서 시 쓰기에 대해 이렇게 말한다. "언어를 붙들고, 언어를 내 뜻대로 '부리려' 할수록 시는 샛됨으로 일그러졌다. 내 안의 에너지를 믿고, 그 자연스러운 흐름을 따라가고, 가려는 곳으로 언어를 놓아주어야 하는데 그러지 못했다. … 이십대 때는 시에 너무 애를 쓴 나머지, 언어를 주눅들게 하고 나는 자주 상했다."

시인은 사랑에 대해서도 비슷한 말을 한다. "잘하려고 애를 쓴 탓에 내 연애는 위태롭게 비틀거리다 늘 실패했다. 나와 상대방, 둘 다 고단해졌다. 실패라고 생각하니 심장이 타들어갈 정도로 괴로웠다."

너무 잘하려고 할수록, 잘할 것도 잘 안된다. 인생의 모든 부분에 질서를 부여하려 할수록 오히려 극심한 혼돈에 빠지기 쉽다. 세상 모든 것을 납득할 만한 형태로 만들려고 할수록, 오히려 도저히 이해할 수 없는 모습을 마주하게 된다. 이런 부자연스러운 시도들은 우리를 너무 주눅 들게 하고, 실패에 더 크게 무너지도록 만든다. 때로는 생각과 감정과 행동이, 다시 말해 인생이 "숨 쉬듯 자연스럽게" 흘러가도록 놔둘 필요가 있다.

〈라라랜드〉의 마지막 장면은 다음과 같다. 시간이 흘러 다른 남자와 결혼한 미아는 우연히 세바스찬이 운영하는 재즈 클럽을 방문하게 된다. 그녀를 본 세바스찬은 그들이 함께하던 시절에 쳤던 곡을 연주한다. 세바스찬과 미아 모두 음악에 빠져 서로가 함께했다면 이뤄졌을, 불가능하기에 아름다운 상상에 잠긴다.

그렇게 연주가 끝난 후, 미아는 자리를 뜨려다가 잠시 출구에 멈춰 서서 무대 위의 세바스찬을 바라본다. 미아와 세바스찬의 눈이 마주치고, 둘은 아무 말 없이 짧게 미소를 나눈다. 미아는 다시 몸을 돌려 나가고, 세바스찬은 피아노 앞에 앉아 "원, 투, 원투 쓰리 포" 하고 박자를 세며 새로운 연주를 시작한다.

재즈는 흐르는 것이다. 세바스찬은 재즈가 미치도록 재미가 있는 이유에 대해 이렇게 설명한다. 각 연주자가 매 순간 작곡하고, 편곡하고, 자기주장을 담아 멜로디를 들려주며 대결하고 화해하면서 새로운 음악의 흐름을 만들어내기 때문이라고. 재즈는 모든 요소가 미리부터 완벽하게 배열된 음악이 아니다. 연주자가 즉흥적으로 자기 호흡을 담아 만들어내는 음악이다.

사랑의 관계도, 더 나아가 우리의 삶 전체도 재즈와 비슷한 면이 있다. 치열하게 대결하고 화해하면서 매 순간 새로운 흐름이 생겨난다. 그 흐름을 모두 내 의지대로, 내 합리성의 기준대로만 짜 맞추려 하면, 오히려 전체의 조화가 어그러진다. 우리의 계획대로 되는 일은, 그저 박자를 세며 새로운 곡을 출발시키는 일밖에 없다. 그 후에 펼쳐지는 흐름에 몸을 맡기면서.

15.

## 없음의 가능성

특정 상황에서 우리를 움직이는 것은
마음 씀의 특히 중요한 형태 중 하나인, 바로 사랑이다.
_해리 프랭크퍼트

고등학생 때부터 나는 실존에 대해 의문을 품었다. 청소년기는 어린 시절의 환상 세계에서 벗어나 점차 현실 세계를 마주하는 시기다. 어릴 땐 삶의 의미를 굳이 찾을 필요가 없다. 솟아오르는 생명의 에너지가 훨씬 더 강하기 때문이다. 그런데 나이가 들수록 점차 우리에겐 올가미가 씌워진다. 날뛰는 생명력은 점차 주저앉는다. 그러다가 삶의 무게가 생명의 에너지를 넘어서는 시기가 되면, 비로소 인간은 질문을 던진다. '나는 대체 왜 살지?'

청소년기는 또한 이성에 눈을 뜨는 시기다. 그런데 여기서 이성은 성별이 다른 '이성(異性)'을 말할 뿐만 아니라 지적인 의미의 '이성(理性)'을 뜻하기도 한다. 즉, 어른이 되어 현실 세계를 마주한다는 것은 세상을 원리적으로 이해하는 관점을 획득한다는 뜻이기도 하다.

우리는 이성적으로 세상을 바라보는 관점을 학습해왔다. 이성은 개별적 대상을 '보편적 원리'를 통해 파악하는 능력을 가리킨다. 아기에게 사탕을 보여주며 "이건 사탕이야"라고 가르치는 부모의 교육이 그 첫 가르침이다. 눈앞의 사탕은 그저 개별적 사물이 아니라, '사탕'이라는 상위 범주에 속한다고 배운다. 이후 아이는 '사탕은 달다'는 기본적 추론을 배운다. 사탕이라는 주어에 달다는 속성을 연결하는 것이다. 이런 학습을 거치면서 아이는 사탕의 성격을 추상적 개념을 통해 규정하는 방법을 익힌다.

학교에서 받아쓰기를 할 때는 어떤가. 아이는 지켜야 할 규칙을 학습한다. 이제 글쓰기는 아무 규칙 없이는 이뤄질 수 없다. 보편적 규칙에 맞지 않는 모든 문장은 교정 대상이 된다. 수학 시간에는 보편적 원리를 통해 대상을 바라보는 방식을 확실히 익힌다. 수학에서는 모든 것이 완전한 원리를 통해 설명되고 통제된다. 모든 수, 도형, 식은 원리의 지배를 받는다. 덧셈 규칙을 따르지 않는 수, 내각의 합이 180도가 아닌 삼각형, 좌변과 우변의 값이 다른 등식은 존재할 수 없다. 존재하지 않는 것을 상상하거나 종이에 적는 것은 금기시된다.

초등학교를 졸업할 때쯤 되면 많은 아이들은 '원리에 합치하는 사고'를 거의 완벽하게 받아들인다.

## 정답은 어디서 찾을 수 있을까

그런데 어느 순간, 이성적 사고는 실존적 고민이라는 부메랑으로 우리 자신에게 날아온다. 청소년기 혹은 사람에 따라 더 늦은 시기일 수도 있다. 보편적 원리 없이는 어떤 것도 이해할 수 없게 된 인간은 이제 삶 자체를 이해하려 시도한다. 국어, 영어, 수학, 사회, 과학에서는 분명히 모든 것이 깔끔한 원리를 통해 설명됐다. 그러면 인생도 그래야 하는 게 아닌가? 삶에서도 정답을 찾아야 하는 게 아닌가? 정답을 발견하지 못한 삶은 오류에 불과한 게 아닌가? 정답을 찾지 못하면 선생님과 엄마에게 혼나지 않겠는가? 나 자신에게 실망하지 않겠는가?

이성의 능력을 얻은 인간은 그 대가로 삶에 대해 끝없이 고민하는 운명에 처한다. 인간은 죽기 직전까지 삶의 의미와 가치에 대해 고민한다. 옳고 그름, 선과 악, 아름다움과 추함, 그리고 '어떻게 살아야 하는가?', '무엇을 해야 하는가?', '무엇이 더 나은가?'와 같은 고민들. 이것들은 정답을 알아내야 한다는 압박감과 관련이 있다.

이때 많은 사람은 스스로 정답을 찾기보다는 이미 사회가 제시한 정답을 따르기로 선택한다. 이미 정답은 주어져 있다면, 나는 그걸 따르기만 하면 된다. 예컨대 좋은 직업, 좋은 집, 좋은 삶 등이다. 나는 그것들을 향한 길을 잘 따라가기만 하면 된다. 그러면 '성공'하고 '행복'할 수 있다. 하지만 그 길을 좇아도 여전히 실존적 고민은 완전히 해결되지 않는다. 삶의 의미와 가치에 대한 의문, 그리고 정답을 향한 열망은 계속 잠재된 채로 나를 따라온다. 그러다가 삶의 어느 지점에서 의식으로 강력하게 솟아오른다.

고등학생 시절, 나는 삶의 의미에 대한 해답을 언젠가는 알아낼 수 있으리라 기대했다. 지금 방황하는 것은 아직 충분한 지식을 배우지 않았고 이성을 더 훈련하지 않았기 때문이라고 생각했다. 열심히 노력하면 언젠가는 정답을 찾을 수 있다고 생각했다. 그런 기대를 품고 철학과에 진학했고, 그 후 10년 가까운 시간 동안 나름대로 적지 않은 지식을 얻었다. 동양과 서양, 과거와 오늘날의 수많은 철학자의 견해를 엿봤다. 과연 현재의 나는 실존적 고민에 대한 정답에 가까이 다가갔을까? 어떤 의미에서는 그렇다고 할 수도 있을 것 같다. 왜냐하면 삶의 문제에 정답은 없다는 것을 점차 느끼고 있기 때문이다.

고등학생 시절의 나였다면 이런 결론을 받아들일 수 없었을 것이다. 정답을 찾는 데 혈안이 된 입시생이라는 신분도 적잖이 영향을 끼쳤을 테지만, 아마 십 년 이상 교육을 받으면서 자연스레 정답이 없는 것은 도저히 받아들일 수 없다는 사고방식이 생긴 것 같다.

그러다가 대학교를 졸업하고 대학원에 진학하면서, 나는 점차 혼란에 빠졌다. 고등학생 때는 대학생이라는 정답이 있었다. 당시의 모든 상황과 압박감이 그 좁은 기준만 보도록 만들었다. 그런데 점점 나이가 들수록 나는 오히려 정답에서 멀어지고 있다. 내 삶이 어디로 어떻게 흘러가는지 모르겠다. 무엇이 옳고 그른지 모르겠다. 만약 내가 어떤 특정한 직업을 얻겠다는 명확한 목표를 품었다면, 그 목표가 정답이 되었을지도 모른다. 하지만 나는 지금 무엇이 되고 싶은지 잘 모르겠다. 과연 특정한 직업이 내 삶의 목표가 될 수 있을까? 하고 싶은 게 없다는 건 아니다. 하지만 그것이 정답인지는 잘 모르겠다. 그게 내 삶을 통합적으로 설명하는 해답인지 잘 모르겠다.

이런 상태가 되자 이성적 사고로부터 약간은 거리를 두게 됐다. 모든 대상을 이성적 기준으로만 판단하려는 강박으로부터 조금은 벗어나게 됐다. 그러면서 '정답 없음'의 가능성에 대해 조금 더 마음의 여유를 갖고 생각하기 시작했다. 어쩌면 삶은 수학이나 과학과 달리 일관된 원리로 설명이 안 되는 걸지도 모른다. 어릴 땐 이런 사고를 도저히 용납할 수 없었지만, 이제는 정답 없이도 의미를 찾아가는 방법을 조금씩 배우고 있다.

## 사랑은 왜 명령인가

철학자 해리 프랭크퍼트는 도덕적 옳고 그름이 사랑에 기초한다고 주장했다. 많은 사람은 도덕이 이성 위에 세워져야 한다고 생각한다. 단지 주관적인 감정에 호소해서는 안 되고, 보편타당한 원리에 기초해야 한다고 말이다. 예를 들어서, 나치가 유대인을 학살한 것을 도덕적으로 비판할 수 있는 근거는 무엇일까? '그 행동이 내 심기를 해치기 때문'이라고 주관적으로 답하면 충분하지 않은 것 같다. 뭔가 보편타당한 근거를 내놔야 할 것 같은 느낌을 받는다. 그래서 '생명의 존엄성을 심각하게 훼손했기 때문'이라고 대답했다고 치자. 그런데 여기에도 또 다른 질문이 따라온다. '생명의 존엄성을 훼손하는 게 왜 잘못됐는가?' 여기에 대해 우리는 또다시 보편적이고 이성적인 답변을 하려 애쓸 것이다. 문제는 이런 과정이 끝없이 되풀이된다는 점이다. 결국 어느 지점에 이르면 이성은 무력해진다.

프랭크퍼트는 이런 이성의 한계를 인정해야 한다고 주장한다. 그는 인간에게 절대적이고 최종적인 목표를 제시하는 것은 이성이 아닌 사랑이라고 말한다. 그가 말하는 사랑은 대상의 존재와 행복을 신경 쓰는 것이다. 예를 들어서, 엄마는 일반적으로 아이의 존재와 행복을 신경 쓴다. 엄마에게 아이의 존재를 지키고 행복을 실현하려는 욕망은 절대적이다. 그 사랑은 이성적으로 설명되는 대상이 아니다. 설명의 여부와 상관없이 엄마가 아이를 사랑하는 한, 아이의 존재와 행복은 엄마에게 최종적 목표가 된다.

사랑은 설명하지 않고 명령한다. 이게 사랑이 이성과 결정적으로 다른 점이다. 이성은 내게 설명을 제공하지만 명령하지는 않는다. 이성적으로 도저히 반박할 수 없는 완벽한 수학 원리를 알게 돼도, 그게 내가 뭘 해야 할지를 말해주지는 않는다. 반면 사랑은 내게 특정한 행위를 하도록 명령한다. 소중한 사람이 다치면 그를 돌봐주도록, 그 사람이 힘들 때 위로하도록, 그 사람이 기쁨 안에서 살아갈 수 있는 조건을 마련하도록 명령한다. 사랑에는 순수한 이성에서는 찾아볼 수 없는 강제력이 있다. 나치가 유대인을 학살한 것은 왜 잘못됐는가? 이성은 이 질문에 최종적 답변을 제시할 수 없다. 그러나 사랑은 이성의 한계에 아랑곳하지 않고 대답한다. 그것은 분명히 잘못됐다고. 사랑이 가진 이 기묘한 확신과 강제력은 어쩌면 인간의 모든 가치판단의 저변에 깔린 근원적인 힘일지도 모른다.

대답은 정답과 다르다. 정답은 보편적인 원리에 합치하는지 따지는 것이다. 반면 대답은 보편적 원리와 상관없다. 사랑은 정답을 알려주지는 않지만 대답을 제시한다. 나는 무엇을 추구해야 하는가? 삶의 의미는 무엇인가? 무엇이 가치 있는 것인가? 이런 질문에 대해 사랑은 고유의 대답을 제시한다. 내가 소중히 여기는 대상의 존재와 행복을 위하는 것. 이게 사랑이 말하는 삶의 중요한 의미이자 추구해야 할 가치다. 이 대답은 결코 정답이 아니다. 사랑은 정답을 욕망하지도 않고 필요로 하지도 않는다.

우리가 삶의 의미나 가치를 찾으려 하는 이유는 그것들이 우리에게 중요하다고 느끼기 때문이다. 그런데 이성이 알려주는 정답들은 근본적인 중요성과는 아무 상관이 없다. 예를 들어서, 평행사변형의 마주 보는 두 내각의 크기는 같다는 원리는 그 자체로 우리 삶에 아무런 중요성도 갖지 않는다. 중요하다는 건 이미 사랑이 개입하고 있다는 뜻이다. 기하학을 사랑하는 사람에게는 평행사변형에 관한 지식이 중요하다. 마찬가지로, 자신을 사랑하는 사람에게는 자신의 존재와 행복이 중요하다. 타인을 사랑하는 사람에게는 타인의 존재와 행복이 중요하다.

## 실존적 고민을 해결하려면

고등학생 시절부터 계속 실존적 고민으로 방황하면서도, 내가 길을 잃지 않았던 이유는 이미 사랑을 품고 있었기 때문이다. 그때는 몰랐지만 이제는 안다. 나는 가족을 사랑했고, J를 사랑했다. 음악과 책을 사랑했다. 이른 아침 자전거를 타고 아무도 없는 학교에 일찍 등교하는 것을 사랑했다. 저녁 시간 노을빛으로 물든 코트에서 농구 하는 것을 사랑했다. 가끔씩 야간 자율학습 시간에 선생님 몰래 친구들과 강당에서 공을 차고 노는 것을 사랑했다. 늦은 밤 자전거를 타고 집에 돌아갈 때 가로등이 꺼진 어두운 길 위로 별빛이 드러나는 순간을 사랑했다.

결국 실존에 대한 심각한 고민을 하던 시기에 내 삶의 의미로 다가온 것은 사랑하는 대상과 함께하는 순간순간들이었다. 그런 순간들이 없었다면 내 인생은 잿빛이었을 것이고, 무의미했을 것이다. 당시 나는 무엇보다도 이성의 빛을 통해 암흑 같은 삶을 밝혀나가는 중이라고 생각했다. 하지만 돌이켜보면, 그때 내가 희망을 잃지 않을 수 있었던 것은 이성 덕분이 아니었다. 사랑이란 단단한 지지대가 나를 떠받쳐주고 있기 때문이었다.

실존적 고민을 해결하고 싶다면, 이성을 통해 정답을 찾는 것보다 사랑을 발견하고 회복하는 일에 초점을 맞춰야 한다. 사랑은 삶의 의미에 대해 강력한 대답을 제시한다. 지적으로는 삶의 의미를 '모른다'고 판단하더라도, 사랑 안에서는 이미 무언가가 밝혀져 있다. 그렇기에 우리는 삶을 쉽게 포기하지 않는다. 바로 거기에 귀 기울이면서, 우리는 삶의 의미나 가치에 관한 나름의 대답을 찾고자 노력해야 한다.

만약 삶이 이성을 통해 의미 파악되어야 하는 것이라면, 모든 사람이 끝없이 펼쳐진, 정답을 찾을 수 없는 무의미의 바다에서 허우적대며 정신을 잃었을 것이다. 그러지 않고 여전히 인간이 꿋꿋하게 살아가는 이유는 우리도 모르는 사이에 우리 안의 사랑이 삶에 의미를 부여해주고 있기 때문이다. 실존적 고민은 우리 안에서 사랑이 들려주는 목소리에 귀를 기울일 때 비로소 해결될 수 있다. 정답을 찾지 못한다고 해서 우리를 혼낼 선생님이나 부모님은 이제 없다. 인생은 입시의 연장이 아니다. 학생의 관점을 이제는 내려놓을 때가 됐다.

3부

# 사랑과 자본주의

Love and

Capitalism

## 16.

## 우리들의 전능한 신

어렸을 때는 삶에서 돈이 제일 중요하다고 생각했다.
나이가 들고 보니 그 말이 맞았다.
_오스카 와일드

한창 독일 유학을 계획하고 있던 대학교 3학년 때의 일이다. 하루는 친한 선배와 밥을 먹었다. 그 선배는 졸업을 앞두고 있었고 서울대 로스쿨에 합격한 상태였다. 밥을 먹다가 선배는 내게 말했다. "충녕아, 서울대 로스쿨에서 절반 이상 등수에 들면 대형 로펌에 갈 수 있대. 거기 가면 초봉이 세후 1억이래."

겉으로 티는 내지 않았지만 나는 엄청나게 충격을 받았다. 그때까지만 해도 대학교에 다니면서 돈 생각을 해본 적이 없었다. 1학년 때는 작곡가가 되려고 했고, 그 이후로는 철학 공부를 계속하기로 마음을 굳히던 상태였다. 어느 쪽이나 큰돈을 만지는 것과는 확률적으로 별 접점이 없는 분야다. 심지어 그 당시 나는 유학을 준비하면서 독일어 공부에만 매진하고 있었다.

그런데 갑자기 들은 '초봉 세후 1억'이라는 말이 너무 놀라웠다. 지금도 크게 달라지지는 않았지만, 그때 나는 정말 돈이 없었다. 부모님께 딱히 용돈을 받지도 않았고, 장학금과 아르바이트를 한 돈으로 근근이 살아가고 있었다. 하루에 2~3만 원 쓰는 것도 쉬운 결정이 아니었다. 그런데 1년에 1억을 번다니. 하루에 30만 원씩 들어온다는 이야기였다. 생각만 해도 너무 좋았다.

그날 몇 년을 통틀어 처음으로 심각한 고민에 빠졌다. '철학이고 뭐고 나도 그냥 로스쿨 갈까?' 나도 열심히 준비하면 SKY까지는 아니어도 어디 로스쿨 한 군데는 합격할 수 있을 것 같았다. 세후 1억까지는 아니더라도 어쨌든 몇 년만 노력하면 몇천 원 가지고 고민하는 가난한 학생 신세에서 벗어나 돈 깨나 버는 변호사가 될 수 있을 것 같았다.

나는 태생적으로 돈 쓰는 데에 별로 관심이 없는 편이다. 옷, 자동차, 전자기기, 값비싼 음식에 큰돈을 들이지 않아도 아쉽지 않다. 하지만 그렇다고 돈이 싫다는 건 아니다. 당연히 돈이야 많으면 좋다. 돈이 필요한 구석은 끊임없이 생긴다. 여윳돈도 좀 만들어놔야 급한 일이 생겼을 때 대처할 수 있다. 또 이왕이면 넉넉히 돈이 있어야 가족과 주변 사람들을 더 행복하게 만들 수 있다.

고액 연봉 얘기에 마음이 정말 많이 흔들렸다. 하지만 고민 끝에 나는 결국 원래 하려던 공부를 계속하기로 마음먹었다. 계획했던 걸 끝까지 완수하고 싶다는 마음이 컸다. 또한 철학 공부를 몇 년 더 한다고 해서 꼭 평생을 가난하게 살라는 법은 없다는 생각이 들었다. 돈이야 언제 어디서 따라올지 모른다는 막연한 희망이 있었다. 물론 높은 보수를 받는 법조인이 되는 것도 멋진 일이지만, 그래도 철학을 통해 세상의 문제들을 해결하겠다는 오랜 꿈을 당장 포기하기는 싫었다.

그때 내린 결정으로 지금까지도 돈 걱정에서 자유롭지 않은 상황이다. 현대 자본주의 사회에서 돈 없이는 생존할 방법이 없다. 돈 걱정은 단순히 많고 많은 염려사항 중 하나가 아니라 존재에 대한 핵심적 고민이다. 따라서 돈 걱정은 굳건해 보이는 의지도 너무나 쉽게 무력화시킨다. 나 역시 앞으로 어떤 커다란 돈 걱정에 휘말려 의지를 내려놓게 될지 모른다. 이에 대해서는 어떤 확신도 할 수 없다.

## 대체 돈의 정체는 무엇인가

니체는 신이 죽었다고 말했다. 그런데 신은 자연사했는가, 혹은 살해당했는가? 이는 중요한 질문이다. 우리는 근대화 이후 현대사회가 되면서 인간이 점점 종교로부터 멀어져 왔다고 생각한다. 일부 문화권에서는 여전히 종교가 막강한 영향력을 행사하고 있지만, 전체적으로는 이전보다 종교의 위세가 훨씬 약해졌다. 바야흐로 세속화의 시대다. 그런데 정말로 인간은 세속화되고 종교로부터 벗어났는가? 사실 그렇지 않다. 인간은 이제 새로운 종교를 신봉하기 시작했다. 바로 자본주의라는 종교다. 신은 자연사하지 않았다. 돈이라는 자본주의 신에 의해 살해당했다.

현대 자본주의 사회에서 돈은 삶의 모든 영역에 지배력을 행사한다. 세금이나 경제 성장 이야기가 없는 정치는 상상할 수 없다. 돈벌이와 관련 없는 농작물 재배나 고기잡이는 말이 안 된다. 영화, 드라마, 소설, 음악 등 모든 예술 분야는 돈에 의해 굴러간다. 어찌 보면 당연한 이야기다. 무인도에 홀로 사는 게 아니라면 우리의 생활은 결국 사람 사이의 다양한 교환 활동을 통해 이뤄지고, 그 활동들을 매개하는 게 돈이다.

그런데 자본주의 사회가 도래하기 전까지 돈은 이 정도로 삶의 모든 영역을 지배하지는 않았다. 물론 고대부터 돈은 존재했으며, 문명사회를 이루는 핵심적인 역할을 했다. 하지만 돈 이외에도 중요한 것들이 있었다. 예를 들어서, 중세 유럽의 봉건사회 경제의 근간을 이루는 땅은 돈 주고 살 수 있는 게 아니었다. 왕은 자신이 신뢰하는 사람에게 땅을 지배할 권리를 주었고, 그 권리를 받은 영주는 다시 농민들에게 농사를 짓게 하고 생산물을 세금으로 내게 했다. 당시에는 땅이 가장 핵심적인 생산수단이었는데, 그토록 중요한 땅을 돈을 주고 사고팔 수 없었다. 이런 식으로, 다른 시대에는 사회의 중추 요소이면서도 돈과 관련 없는 것들이 있었다.

하지만 오늘날 자본주의 사회에서는 모든 것이 돈이라는 단일한 체계 안에 포섭되었다. 사람들은 국력을 말할 때 가장 먼저 GDP를 생각한다. 경제는 원래 경세제민(經世濟民), 즉 세상을 다스려 백성을 구한다는 뜻이었지만 이제는 돈과 거의 같은 말이 됐다. 정치는 마치 돈의 하수인처럼 여겨진다. 선거에는 막대한 돈이 투입된다. 좋은 정치는 무엇보다도 사람들이 돈 잘 벌고 주식 오르게 해주는 정치라는 인식이 지배적이다. 이런 현실을 비판적으로 성찰해야 할 언론이나 대학 같은 기관마저 돈으로부터 전혀 자유롭지 않다.

돈의 중요한 특징은 아주 조용히 모든 곳에 퍼진다는 것이다. 돈은 추상적인 매개물이다. 눈앞에 직접 보이는 사물과는 다르다. 돈은 순수한 양이다. 구체성이 없고, 모든 가치가 잠재적으로만 들어 있다. 돈은 아무것도 아니지만, 무엇이든 될 수 있다. 말 그대로 마법 같다. 마법은 아무것도 아닌 머리카락을 다른 물건으로 변화시킨다. 마찬가지로, 돈은 지금 당장은 어떤 뚜렷한 속성도 갖고 있지 않지만, 시장에서의 교환을 통해 무엇으로든 변할 수 있다. 따라서 돈을 싫어할 사람은 아무도 없다. 아무것도 아닌 것을 어떻게 싫어하겠는가? 눈앞에 값비싼 식탁이 있다면, 취향에 따라 누군가는 좋아하겠지만 누군가는 싫어할 것이다. 반면 돈은 취향을 안 탄다. 취향을 탈 만한 구체적인 속성이 없기 때문이다. 직접적으로 느껴지는 속성이 없기에, 쉴 새 없이 이곳저곳으로 퍼지며 지배력을 확장해도 아무도 눈치 못 채고 거부감도 느끼지 않는다. 돈은 공기처럼 조용하게 모든 곳에 스며든다.

그렇게 인간 삶의 모든 영역을 장악한 돈은 이제 신이 되었다. 무엇으로든 변신할 수 있고 어떤 일이든 처리할 수 있는 것은 전형적인 신의 능력이다. 전통적으로는 종교가 삶의 방향성을 제시했다. 그 역할을 이제는 돈이 한다. 돈을 버는 게 곧 모두가 따라야 할 삶의 방향성이다. 돈의 율법을 따르지 않는

자는 이단자나 정신 나간 사람 취급을 받는다. 사람들은 돈의 권능을 믿는다. 세상이 뒤집어져도 돈은 영원할 거라고 믿는다. 돈만 있다면 세상의 온갖 변화 속에서도 가장 안전한 삶을 살 수 있을 거라고 기대한다. 돈은 천국으로 가는 티켓이다. 많은 돈을 손에 쥐는 것이 곧 이 시대의 해방이자 깨달음이자 구원이다.

### 최후의 승리자

자본주의는 인간이 끊임없이 돈에 대해 생각하도록 만든다. 돈은 인간의 환경뿐 아니라 정신도 지배한다. 주변의 모든 것이 돈과 연결되어 있기 때문에, 돈에 초연한 사고를 하기란 거의 불가능하다. 이제 자본주의는 사람들이 '자본주의적인 생각'을 하도록 만든다.

앞서 우리는 시몬 베유의 진실과 상상에 대한 부분에서 현대사회가 질적인 사고를 양적인 사고로 대체하는 과정을 살펴봤다. 양적인 사고는 자본주의와 밀접한 관련이 있다. 돈은 추상적 숫자이며, 속성이 없는 순수한 양이다. 돈은 질을 전혀 고려하지 않는다. 만 원은 항상 똑같이 만 원이지, 내가 특별하게 의미 부여한다고 본래 정해진 양 이상의 가치가 생기는 건 아니다. 돈은 서로 다른 개성 있는 사물들을 똑같이 양으로 치환해서 쉽게 비교할 수 있도록 해준다. 그리고 이처럼 돈을 통해 가치를 평가하는 것에 익숙해진 사람들은, 이제 돈과 직접 관련이 없는 경우에조차도 대상을 순전히 양적인 관점에서 바라보게 된다.

프랑크푸르트학파 철학자 테오도르 아도르노와 막스 호르크하이머는 자본주의가 인간의 상상력을 극도로 제한한다고 주장했다. 특히 그들은 문화산업의 위력에 주목했다. 자본주의 사회에서는 돈 버는 게 목적인 기업과 투자자들이 문화 콘텐츠 생산을 주도한다. 그래서 대중적으로 잘 팔릴 만한 콘텐츠만 넘쳐나게 된다. 새롭고 창의적인 콘텐츠는 쉽고 자극적인 콘텐츠에 밀려 시장에서 점점 사라진다.

아도르노와 호르크하이머는 문화산업의 영향 아래, 사람들이 새로운 것을 경험하고 상상할 기회를 빼앗기면서 기존 시스템에 안주하게 됐다고 비판했다. 대중은 완전히 새로운 종류의 즐거움을 추구하기보다는, 시장에서 제공되는 쾌락 중 가장 효율적으로 보이는 것을 선택하도록 이끌린다. 창작자들 또한 혁신적인 창작에 도전하기보다는, 이미 주어진 시장에서 가장 잘 팔릴 만한 것을 만드는 데 주력하게 된다. 이렇게 이미 주어진 시스템 안에서 최대한의 효율을 추구하는 것은 전형적인 자본주의적 사고방식이다. 자본주의 사회에서는 이미 돈의 논리가 모든 곳을 지배하고 있다. 사람들은 돈이라는 목표와 시장이라는 구조를 너무나 당연하게 받아들인다. 이미 주어진 자본과 시장의 논리 안에서 어떻게 성공할지만을 고민하고, 자본과 시장에 의해 지배당하지 않는 새로운 체제를 만드는 일은 아예 꿈꾸지 않는다.

## 사랑으로 반격하라

돈은 당연히 사랑에도 영향을 끼친다. 이 시대의 사랑은 두 가지 측면에서 돈에 종속된다. 첫째, 돈 계산에서 벗어날 수 없다는 점이다. 데이트, 여행, 선물, 집, 결혼식 등 연애나 결혼을 할 때는 너무나 큰 비용을 계산해야 한다. 또한 꼭 연인 사이의 사랑이 아니라 부모가 자식을 키울 때도 돈 계산이 절대적으로 필요하다.

둘째, 직접적으로 돈에 종속되는 것과 별개로, 철저하게 자본주의적 사고방식 안에서 사랑이 이뤄진다는 점이다. 상대가 내게 얼마나 많은 기쁨과 쾌락을 가져다줄지 계산하고, 사랑이 '동등한' 가치의 교환을 통해 성립한다고 믿고, 남들이 하는 대로 똑같이 따라서 사랑하는 것, 대중매체에서 주입된 사랑의 형태에서 벗어나지 않는 태도 등이 모두 자본주의적 사고방식이 뿌리내린 결과다.

1부에서 로맨틱함에 대해 다루면서, 우리는 인간의 의식적 경험은 그 뒤에 숨겨진 복잡한 배경과 조건에 의해 생겨난다는 것을 살펴봤다. 오늘날 우리가 경험하는 사랑의 배후에 있는 것이 바로 자본주의다. 현대의 모든 사랑은 진정한 의미에서 '자기 자신의' 사랑이 아니다. 내가 스스로 사랑을 주도한다는 느낌은 반쯤 허구적이다. 우리는 철저히 자본주의가 명령하는 방식에 따라 사랑한다. '나 스스로가 나의 주인이라는 느낌'은 자본주의가 사람들을 통제하기 위해 만들어낸 전형적인 환상이다. 당신은 사랑하는 사람을 위해 어떤 노력을 하는가? 혹 SNS에 넘쳐나는 맛집과 명소, 선물을 검색하고, 온갖 기념일을 챙기는 모습을 비슷하게 따라 하지는 않는가?

물론 모든 시대의 인간은 그 시대의 영향 아래서 살아간다. 그러나 현대의 자본주의가 인간에게 영향을 끼치는 방식은 유례없이 조용하고 매끄럽다. 종교적 교리나 정부 차원의 교육이 없어도 자본주의는 가장 성공적으로 사람들을 지배한다. 나도 모르는 사이 근면함, 성실함, 자기관리, 기업가적 마인드 등을 숭상하게 되며, 삶 전체가 하나의 비즈니스가 된다. 사람들은 이제 비즈니스적이지 않은 삶, 시장에서의 교환 가치로 평가되지 않는 자기 자신을 상상할 수가 없다. 이런 경향 아래, 사랑 역시 비즈니스의 일종이 된다. 사람들은 이윤 창출(쾌락의 효율적 극대화)을 목적으로 하지 않는 사랑을 상상하지 못한다.

자본주의적 사랑이 무조건 '나쁜' 건 아니다. 하지만 그 외에 어떤 다른 사랑도 상상하지 못하게 된 상황은 분명 나쁘다. 상상력의 제한은 인간을 항상 똑같은 상태에 머물게 만들고, 거짓 만족을 찾게 하고, 삶을 빈약하게 만든다. 나는 우리에게 이보다 더 나쁜 게 뭐가 있는지 모르겠다. 반항하지 않는 정신은 가라앉는다. 표면에 나타난 현상을 곧이곧대로 받아들이고서 만족해서는 안 된다. 우리는 시대적 조건에 반항할 줄 알아야 한다. 그리고 삶과 사랑의 형태를 주도적으로 상상해야 한다. 앞으로의 장에서는 그 방법들에 대해 하나씩 살펴보도록 하자.

## 17.

## 사랑은 자기계발이 되었는가?

인간이 얼마나 이기적인 존재로 상정되든 간에,
인간의 본성 안에는 타인의 행운에 신경을 쓰고 타인의 행복이
자신에게 필수적이라고 느끼도록 만드는 원리들도 분명히 있다.
그저 그 사람이 행복한 것을 보면서 얻는 쾌락 이외에는
아무것도 얻는 게 없어도 말이다.

_애덤 스미스

정신분석학자이자 철학자 에리히 프롬은 현대 자본주의 사회에서 사랑이 붕괴하고 있다고 지적했다. 그가 생각한 사랑은 성숙한 인간이 되어 가는 과정이다. 그는 우리 안에 근원적인 고독이 있다고 주장했다. 지금 실제로 외롭다고 느끼건 그렇지 않건, 내 안에는 엄마 배 속에서 나와서 혼자가 된 그 순간부터 어쩔 수 없이 간직하고 있는 내밀한 외로움이 있다. 그리고 그것을 회피하거나 폭력으로 덮어버리지 않고 정면으로 맞설 수 있는 유일한 방법이 사랑이다.

인간은 누군가를 사랑함으로써 그 사람의 깊은 존재를 마주한다. 단순히 상대의 표면에만 머무르는 게 아니라 중심부에 가 닿아서 합일에 이른다. 이런 경험을 통해 인간은 근원적인 고독을 해소한다.

진정한 사랑을 하는 사람은 결코 상대를 단순히 내 만족을 위한 수단으로 여기지 않는다. 상대의 이용 가치를 재는 것은 오로지 상대의 표면과 소통할 때만 가능할 뿐, 존재의 중심과 마주한 사람은 결코 그를 수단으로 대할 수 없다. 성숙한 사랑을 하는 사람은 상대를 보살피면서 서로의 근원적 고독을 함께 극복하고자 노력한다. 그렇게 상대를 책임지고 존중함으로써, 하나의 성숙한 인간으로 성장한다. 도움의 손길을 갈구하기만 하는 아이가 아니라, 누군가를 책임질 수 있는 어른으로 자라난다.

## 당신의 사랑은 얼마입니까

그런데 모든 것을 교환과 소비의 관점에서 바라보게 하는 자본주의의 강력한 영향 아래서, 이러한 성숙한 사랑의 모습은 사라진다. 사람들은 점차 사랑을 쾌락이나 만족과 동일시한다. 무엇이든 다 돈을 주고 살 수 있는 세상에서, 사랑 역시 일정한 값을 지불하면 얻을 수 있는 것으로 생각된다. 천 원짜리 아이스크림을 살 때 천 원어치 만족을 기대하듯이, 사랑은 내가 투입한 값만큼의 만족을 되돌려 받아야 하는 교환

게임이 된다. 이때, 사랑의 대상은 마치 기계나 도구처럼 격하된다. 돈을 넣으면 음료수를 내놓아야 하는 자판기, 가격만큼 성능을 발휘해야 하는 컴퓨터, 내가 해준 만큼 돌려줘야 하는 존재.

이런 기계적 사고방식 안에서 사랑은 철저하게 등가교환의 법칙을 따른다. 똑같은 가치를 가진 것들을 합리적으로 교환하면서 만족을 얻는 것이 곧 사랑이 된 것이다. 계산에 착오가 생기면 손해가 난다. 나보다 값싼 사람과 관계를 이루면 심각한 바보 취급을 당한다. 이상적 사랑을 위해서도 무엇보다도 가치 비교가 제일 중요하다. 수학적 계산 능력은 대학 입시나 공무원 시험뿐만 아니라, 사랑에서도 필수적인 능력이 되었다. 우리는 이제 좋은 '성능'을 가졌는데 시장에 '싸게' 나온 매물이 없는지를 잘 찾아봐야 한다. 이제 최고의 사랑은 내가 투입한 값에 비해 상대적으로 큰 만족이 돌아올 때 실현된다.

이처럼 철저하게 등가교환으로 이루어지는 사랑은 좋은 사랑이 아니다. 이런 사랑을 통해 우리는 성숙한 인간으로 성장하지도 않고, 상대의 중심을 경험하지도 못한다. 계산적 사랑을 통해 마주할 수 있는 것은 오직 딱딱해진 상대의 표면뿐이다. 상대방이 가진 살결의 부드러움에 높은 가격을 책정할수록 그 살결은 온기를 잃고 차가운 사물이 된다. 상대의 생명력 넘치는 육체가 가져다주는 만족에 더 높은 교환가치를 부여할수록, 오히려 상대는 생명 없는 기계에 더 가까워진다. 그렇게 우리는 사랑할수록 더 외로워진다. 분명 내 옆에 사람이 있다고 생각했는데, 고개를 돌리면 아무도 없다. 오직 정체 모를 차가운 자동인형 하나만 소름 끼치게 앉아 있을 뿐이다.

### 팀워크식 사랑

프롬은 기계적 교환관계가 지배하는 현대사회에서 진실한 사랑은 점점 찾아보기 어려워졌다고 지적한다. 그 대신 등장한 것이 자본주의적 삶의 방식을 똑같이 따온 수많은 유사 사랑이다. 가장 대표적인 유사 사랑은 팀워크식 사랑인데, 이는 서로를 마치 직장에서의 팀 동료처럼 여기면서 함께 성과라는 목적으로 나아가는 것이다. 각자 맡은 일을 잘하고 서로 협력해 팀이 원활하게 굴러가면 좋은 성과를 얻는다. 반면 만약 팀이 제대로 굴러가지 않으면 나쁜 성과를 얻을 것이다. 나쁜 성과가 반복되면 팀이 해체될 수도 있다.

프롬은 자본주의가 전 세계로 뻗어나가던 20세기 중반, 이미 사랑에 대한 팀워크식 사고방식이 너무나 만연해졌다고 주장한다. "행복한 결혼에 관한 어느 잡지를 봐도 이상적 결혼의 모습은 부드럽게 작동하는 팀처럼 묘사되어 있다. 이런 묘사는 부드럽게 기능하는 회사 직원에 대한 생각과 크게 다르지 않다. 이상적인 직원은 '적당히 독립적'이어야 하고, 협동적이어야 하고, 참을성 있어야 하고, 동시에 야망 있고 적극적이어야 한다."

이상적인 회사 직원과 이상적인 사랑의 상대에 대한 묘사는 놀랍도록 비슷하다. 일 잘하는 법이나 성공하는 법을 가르치는 자기계발서와 연애 팁을 알려주는 잡지는 거의 똑같은 내용이다. 자기계발서의 가르침은 단어 몇 개만 바꾸면 연애상담사의 가르침과 완전히 똑같아진다. '자기 관리에 신경 쓰세요.', '내 감정을 강요하지 마세요.', '불평불만을 말하기 전에 한 번 더 생각하세요.', '잘못했을 때는 인정하고 사과하세요.', '대화할 때는 공감하는 반응을 보이세요.', '피드백을 잘하세요.' 이게 도대체 자기계발서 내용일까, 연애지침서 내용일까? 별로 중요하지 않다. 어차피 둘은 똑같은 관점에서 인간을 바라보고 있기 때문이다. 둘 다 인간관계를 성과를 향해 나아가는 팀으로 규정하고, 어떻게 하면 더 효율적으로 성과를 이룰지 분석한다.

물론 이러한 자기계발적 기술들을 잘 활용하면 사랑의 만족도가 '향상'될 수도 있을 것이다. 관계를 더 '효율적으로' 이끌어나갈 수도 있을 것이다. 정서적 안정을 얻거나 평화로운 가정을 이루는 등 좋은 '결과'에 이르게 될지도 모른다. 하지만 문제는 이렇게 사랑을 어떤 기술을 통해 특정한 성과에 이르는 과정으로 바라보는 것 자체가 애초에 유사 사랑의 징후라는 것이다.

오늘날 사람들은 끊임없이 성과에 대한 압박을 받는다. 성과가 각종 통계학적인 방법을 통해 '객관적' 수치로 측정되고, 그에 따라 보상에 차등이 주어진다. 보상은 연봉, 매출, 순이익 등 객관적인 숫자를 근거로 지급된다. 성과와 보상이 1원 단위까지 정확히 고지되기 때문에, 사람들은 조금이라도 더 효율을 높일 수 있는 방법을 찾아 헤매게 된다. 심지어 어른이 되기 전부터도 우리는 산업화 시대에 딱 맞춘 주입식 교육을 받으며 공부의 성과를 소수점 단위의 시험점수와 백분위로 평가받는다.

서점에도 자기계발, 공부, 투자 방법에 대한 책들이 즐비하다. 유튜브에도 항상 '~하는 방법'이라는 제목의 영상이 인기를 끈다. 그 이유가 무엇이겠는가? 사람들이 그만큼 삶의 전 영역에 걸쳐 조금이라도 더 효율적으로 성과를 낼 수 있는 기술들을 갈망하기 때문이다.

기술의 중요한 특징은 목적과 관련이 있다는 것이다. 기술은 목적에 이르기 위한 수단으로서 의미가 있다. 만약 아무런 목적이 없다면 기술 또한 필요하지 않다. 대입을 목표로 하는 학생은 효율적인 공부법을 알아본다. 취업준비생은 자기소개서 작성 및 면접 방법을 알아본다. 회사에 잘 적응하기를 원하는 직장인은 회사 생활 팁을 알아본다.

그렇다면 대체 사랑의 목적은 무엇일까? 사랑 안에서 사람들은 어떤 목적을 이루고자 하기에, 사랑의 기술을 알아내는 데 그렇게 많은 관심을 갖는 걸까? 현대인들이 흔히 사랑의 목적으로 생각하는 것은 쾌락, 만족, 행복이다. 이런 목적을 달성하지 못하는 사랑은 자원 낭비, 시간 낭비, 미숙한 사랑, 실패한 사랑으로 여겨진다. 사람들이 그렇게 많은 시간과 돈과 노력을 투자해서 연애나 결혼을 하려는 이유는 그 관계를 통해 성과를 내고 보상을 받을 수 있다는 믿음이 있기 때문이다. 현대의 연인이나 부부는 협력을 통해 쾌락, 만족, 행복이라는 공동의 목적을 향해 효율성 있게 나아가는 팀과 같다. 회사에서 팀을 이뤄 일하는 이유는 개인이 뿔뿔이 흩어져 일하는 것보다 더 효율적이기 때문이다. 마찬가지로, 연애나 결혼을 하는 이유는 그게 더 효율적이고 안정적으로 쾌락이나 정서적 만족을 실현하는 방법이라고 생각하기 때문이다.

물론 반대로 생각하는 사람도 많아지고 있다. 사회구조가 바뀌고 여러 신기술이 등장하면서, 더 이상 전통적인 사랑의 관계로는 효율성이 떨어진다고 여기는 경우가 많아진 것이다. 그런 사람들은 굳이 연애나 결혼을 하려고 하지 않는다. 그게 '낙후되고 비효율적'이라고 생각하면서 말이다.

## 궁극의 목적지

하지만 우리가 잊어선 안 될 중요한 질문은 과연 사랑이 정말로 어떤 목적을 성취하기 위한 관계냐는 것이다. 산업화, 자본주의, 성과주의의 강력한 영향으로 우리는 인간의 모든 활동을 성과와 보상의 관점에서 바라본다. '활동 → 성과 → 보상'의 패턴이 삶의 모든 영역을 지배하니, 다른 방식의 활동이 이뤄질 수 있다는 생각 자체를 못하게 됐다. '보상이 없는데 왜 일해야 하지? 내게 도움 되는 결과를 목적으로 하지 않는다면 굳이 왜 행동을 해야 하지?' 이런 패턴의 생각이 보편화되면서, 사랑 역시 자신이 투입한 시간, 노력, 재능만큼 성과를 내고 보상을 받아야 한다고 여기는 것이다.

그러나 정말 그런가? 사랑은 결코 성과를 기준으로 평가할 대상이 아니다. 사랑은 특정한 목적을 향해 나아가는 활동이 아니다. 사랑은 그 자체로 가장 높은 목적이다. 유사 사랑이 아닌 진실하고 성숙한 사랑은 상대방의 중심과 만나는 경험을 통해 이뤄진다. 그 만남은 무언가 다른 목적을 위한 수단이 아니다. 오히려 그 만남 자체가 가장 소중하고 절대적인 가치를 갖는다. 그 만남을 통해 어떤 보상을 얻게 되는지는 사랑의 핵심 요소가 아니다. 만약 상대와 함께하면서 기쁨, 안정감, 생명력 등을 느낀다고 해도, 그건 사랑에 뒤따르는 결과일 뿐이지 결코 목적은 아니다.

때로는 연인과 함께하면서 슬픔이나 짜증, 분노 등 부정적 감정을 느낄 수도 있다. 당연하다. 사랑하면서 언제나 좋은 감정만 느낄 수는 없다. 사랑에는 긍정적 결과만큼이나 때로 부정적 결과도 따라오기 마련이다. 진실로 사랑한다는 것은 당장의 긍정적인 결과에 도취되지 않고, 그렇다고 당장의 부정적인 결과에도 굴하지 않는 것이다. 그러면서, 상대 존재의 중심부와 소통하려고 부단히 노력하는 것이다. 팀 동료로서 특정 목적을 이루기 위한 계약 관계가 아니라, 아무런 대가 없이도 유대를 쌓으며 서로를 존중하고 보살피는 것이다. 이런 존중과 보살핌 자체가 우리가 그토록 찾아 헤매며 갈망하는 궁극의 목적이다.

## 고독에 맞서는 힘

영국의 싱어송라이터 닉 드레이크의 노래 〈새러데이 선(Saturday Sun)〉에는 이런 내용의 가사가 나온다. "토요일의 태양이 경고 없이 찾아왔죠. 그래서 아무도 뭘 해야 할지 몰랐죠(Saturday sun came without warning, so no one knew what to do)."

아마 누구나 이런 경험이 한 번쯤은 있었을 것이다. 어느 날 갑자기 맑은 하늘을 보고 어찌할 바를 모르겠다고 느꼈을 때. 내 앞에 펼쳐진 시간이 아찔한 공허로 다가오고, 세상과 나 사이에 놓인 공간이 무섭도록 광활하고 무의미하게 느껴질 때. 아마 이런 경험이 바로 우리 안의 근원적 고독과 마주하는 순간일 것이다.

우리는 평소 이런 고독을 애써 외면하려 한다. 대중매체나 인터넷을 통해 불특정 다수와 지속적으로 연결되길 바라고, 가벼운 만남, 일중독, 끝없는 소비 등의 방편을 통해 우리는 '토요일의 태양'으로부터 도망친다. 하지만 영원히 그럴 수는 없다. 고독은 언젠가 반드시 우리를 덮친다.

이 근원적인 고독에 맞설 수 있는 유일한 길은 존재의 중심을 경험하는 것이다. 끝없이 나와 멀어지고 타인에게서 떨어지는 게 아니라, 나 자신과 타인의 중심부로 들어가는 것이다. 바로 사랑하는 것이다. 그것의 결과는 중요하지 않다. 성공이냐 실패냐 상관없이, 오직 사랑만이 삶에 진정한 의미와 용기를 불어넣는다. 그건 결코 사랑의 성과에 주어지는 보상이 아니라, 그 경험 자체가 곧 사랑이다. 우리는 사랑으로 얻은 성과를 통해 성숙한 인간이 되는 게 아니라, 사랑의 과정을 통해 성숙한 인간이 된다. 자본주의에 너무나 익숙해진 현대인들은 적당한 값을 지불하고 고독에서 벗어날 방법이 없는지 찾는다. 그러나 세상에는 그런 시장 교환을 통해 얻을 수 없는 것들도 많다. 이 평범한 진리를 소비자들은 너무나 쉽게 망각한다.

18.

## 환승 연애가 흥미진진한 이유

사랑은 나를 확장하려는 의지다. 그리고 그 목적은
자기 자신과 다른 사람의 영적 성장을 돌보는 데 있다.
_모건 스콧 펙

〈환승연애〉라는 프로그램이 큰 인기를 끌었다. 이별한 커플 몇 쌍이 나와서 서로 줄타기를 하는 연애 리얼리티 프로그램이다. 헤어진 연인과 과거를 회상하기도 하고 앞으로의 사랑에 대해서도 고민하는 내용이었다. 이전 연인과 재결합하는 계기가 될지, 아니면 새로운 사랑을 시작하는 기회가 될지가 큰 관심거리였다. 특히 두 번째 시즌에서 어리고 똑똑하고 잘생긴 남성 현규가 중간 투입돼, 전 남자친구를 잊지 못해 고통받던 해은에게 적극적으로 다가가는 장면은 나를 비롯해 많은 이들을 두근거리게 했다. 패기 넘치면서도 다정하게 "누나 내일 봐요"라고 말하는 그의 모습은 어제를 잊고 새로운 내일로 함께 나아가자는 희망을 심어주는 것 같았다.

이 프로그램이 큰 인기를 끌 수 있었던 건 두 가지 클리셰의 조합 때문이다. 이별과 만남. 수많은 영화, 드라마, 소설은 이별을 다룬다. 이별은 인간의 사랑에서 가장 강렬한 감정을 유발하는 사건으로, 자극적인 소재가 되기 좋다. 사람들은 이별 이야기에 항상 깊이 몰입하고 공감한다. 또한 새로운 만남 역시 이별만큼이나 강렬한 감정을 유발하는 사건이다. 만남에는 진부한 일상에서는 찾아볼 수 없는 두근거림이 있다. 누군가가 새로운 사랑을 시작하는 이야기를 접하면, 내 일도 아닌데 괜히 함께 설렌다. 그런데 〈환승연애〉는 이 둘을 절묘하게 섞었다. 대중적 호응을 얻기에 너무 탁월한 기획이라고 평가할 수밖에 없다.

## 사람을 갈아탄다는 표현

그런데 우리는 언제부터 '환승'이란 표현을 썼을까? 본래 이 단어는 교통수단을 갈아탄다는 뜻이지만, 연애와 관련해서는 한 사람과 헤어지고 다른 사람을 만나는 것을 뜻한다. 특히 헤어진 지 얼마 안 됐는데 다른 사람을 만나거나, 사귀는 도중 이미 다른 사람과 접촉을 시작하는 것을 환승이라고 부른다. 이는 사랑과 관련해 인간이 느낄 수 있는 가장 높은 강도의 짜릿함을 유발하는 활동일 것이다. 바로 이별과 만남의 교차점이기 때문이다. 요리에서 조미료를 쓸 때도 서로 다른 계열의 조미료를 동시에 쓰면 감칠맛이 폭발한다. 연애에서도 이별의 아픔이 극에 달할 때, 가슴 뛰는 새 인연이 시작되면 당연히 짜릿함이 배가될 수밖에 없다.

환승이라는 표현에서 가장 인상적인 부분은 상대를 탈 것에 비유하고 있다는 점이다. 연인이나 결혼 대상을 '벤츠', '똥차'로 표현하는 문화는 예전부터 있었다. 환승 역시 비슷한 맥락에서 사랑의 상대를 어떤 목적지에 이르기 위한 수단이나, 품질에 따라 다른 승차감을 주는 교통수단에 비유한다. 연인과 자동차는 모두 어떤 '가격'과 '스펙'을 가졌냐에 따라 남에게 얼마나 뽐낼 수 있는지가 달라진다. 이런 점에서 사랑에 대한 현대인의 인식은 교통수단에 대한 인식과 여러모로 잘 일치한다.

이별과 만남을 환승에 비유하는 것은 대도시의 생활양식과 관련 있다. 현대적 대도시의 교통체계는 끊임없이 대중교통을 갈아탈 가능성을 준다. 수백 개의 버스 노선이 몇 분 간격으로 운행되고, 거미줄처럼 뻗어나간 지하철 노선이 도시 곳곳을 연결한다. 하나의 노선이 막히면 다른 노선을 타고 돌아가면 된다. 하나의 정류장이 운영을 중단하면, 금방 다른 곳에 가서 대체 교통편을 이용하면 된다. 여차하면 택시를 잡아도 된다. 대도시에서 아예 환승이 불가능한 상황은 없다. 시골에는 하루에 버스가 몇 대밖에 지나가지 않는 곳이 많다. 거기서는 하나의 버스를 놓치지 않고 잡는 게 중요하다. 반면 대도시에서는 무한한 대체 노선이 실시간으로 공급된다. 따라서 하나의 차가 갖는 중요성은 n분의 1로 현격히 줄어든다.

대도시의 교통체계는 현대의 연애 환경과 비슷하다. 교통과 통신이 극도로 발달한 현대사회에서는 만남의 기회가 사실상 무한히 주어져 있다. 모든 사람이 성공적으로 연애 상대를 찾는다는 뜻이 아니다. 마음만 먹으면 누구나 만남의 기회를 가질 수 있다는 이야기다. 특히 셀 수 없이 많은 사람이 모여 살고, 하루에도 수백만 명이 오가는 대도시에서는 잠재적 만남의 가능성이 곳곳에 흩어져 있다. 그걸 적극적으로 잡는 사람이 있고 그러지 않는 사람이 있을 뿐이다. 인터넷의 발달은 이런 만남의 가능성을 심지어 도시 바깥으로 확장시켰다. 각종 최신 소개팅 앱은 전국에 걸쳐, 아니 전 세계에 걸쳐 취향에 맞는 상대를 찾아준다. 스마트폰 화면 위를 스쳐 지나가는 무수한 사람들의 얼굴은 버스 정류장 전광판에 깜빡이는 다음 버스 표시와 기묘하게 닮아 있다. 그렇게 무한히 공급되는 것들 중 하나를 골라 무작정 '올라타는' 건 정말 쉽다. 어디로 향하는지 몰라도 좋다. 어차피 또 갈아타면 되니까.

## 결혼은 유동성이 낮은 자산

경제, 교통, 사랑은 서로 맞물려서 발전한다. 경제 활동은 사람의 이동을 전제로 한다. 사람의 이동을 위해서는 교통이 필요하다. 교통편이 생기면 사람이 간다. 사람이 가는 곳에는 사랑이 싹튼다. 사랑이 싹트는 곳에서는 경제 활동이 일어난다. 이 세 가지 요소는 서로로부터 독립적이지 않다. 초등학교 사회 교과서에는 전국 특산물 지도가 나온다. 경제와 교통을 한눈에 볼 수 있는 지도다. 그런데 왜 사랑의 지도는 가르치지 않는가?

끊임없이 인간과 물자를 순환시키는 현대 교통 구조는 경제 구조에도 똑같이 반영되어 있다. 현대 경제에는 전통 경제에는 없었던 풍부한 유동성이 있다. 유동성은 자신이 가진 것을 현금으로 빨리 바꿀 수 있는 정도를 나타낸다. 예를 들어서, 일반적으로 집은 유동성이 낮다. 집은 돈으로 바꾸기가 상대적으로 까다롭다. 누가 언제 사줄지도 모르고 거래도 오래 걸릴 때가 많다. 상대적으로 주식은 유동성이 높다. 주식시장이 열리기만 하면 금방 주식을 현금으로 바꿀 수 있다.

과거에는 사람들이 가진 재산 다수가 유동성이 낮았다. 집, 땅, 살림살이, 보물 같은 전통적 자산은 모두 현금으로 바꾸기가 까다롭다. 하지만 17세기 네덜란드에서 처음으로 현대적 주식 거래가 이뤄진 이래로, 사람들은 점차 유동성이 높은 재산을 많이 만들어냈다. 회사를 아주 작은 부분으로 나눠서 주식으로 팔았다. 부동산을 작게 나눠 증권으로 파는 경우도 생겼다. 큰 회사 하나를 사고파는 일은 수십 년에 한 번 일어날까 말까 한 큰 사건이다. 땅이나 큰 건물 전체를 거래하는 일 역시 아주 까다롭다. 반면 증권시장에서는 수억 명의 불특정 다수가 몇 초 단위로 회사나 부동산의 n분의 1을 거래한다. 전통적인 거래 방법보다 훨씬 적은 위험으로 누구나 쉽게 자산을 현금화할 수 있게 된 것이다.

이렇게 유동성 높은 상품이 많이 생기면서, 사람들은 자산을 구매할 때 심리적 부담을 덜게 됐다. 회사 주식 몇 주 사는 건 어린아이도 부담 없이 할 수 있다. 초등학생 일주일 용돈보다도 싼 주식이 널렸다. 또한 대부분 언제든지 주식을 다시 현금으로 바꿀 수 있다는 신뢰가 있다. 바가지를 쓸 위험도 거의 없다. 주식 가격이 명확히 시장에 고지돼 있기 때문이다. 돈 주기로 한 사람이 도망친다거나 위조지폐를 주는 등 황당한 일이 벌어질 가능성도 낮다. 모든 게 시장의 규칙에 따라 매끄럽게 흘러간다. 나는 그 흐름에 몸을 맡긴 채, 타이밍만 잘 결정해서 들어갔다 나갔다 하기만 하면 된다.

누구나 부담 없이 진입하고 적당한 타이밍에 빠질 수 있는 주식시장. 누구나 부담 없이 올라타고 갈아탈 수 있는 대도시의 교통체계. 누구나 부담 없이 만났다가 적당한 즐거움과 씁쓸함을 맛보고 환승할 수 있는 현대식 사랑. 이 셋은 구조적 유사성을 갖는다.

과연 이 유사성은 우연히 생겨났을까? 결코 아니다. 현대사회의 삶의 방식은 우리가 하나의 대상에만 집중하도록 만들지 않는다. 오히려 다른 대상으로 빠르게 대체하는 것에 더 많은 관심을 쏟도록 만든다. 새 핸드폰, 새 컴퓨터, 새 신발, 새 코트, 새 가방…. 현대 소비사회는 교체 자체를 숭상한다. 빠르게 교체될 수 있는 것은 좋은 것이다. 반면 무언가 오랫동안 교체되지 않고 남아 있다면 문제다. 필요에 따라 쉽게 교체할 수 있는 상품엔 그 편리성 덕에 프리미엄이 붙는다.

이처럼 소비와 빠른 교체를 숭상하는 문화 속에서, 사람마저 빠르게 교체하고 싶다는 욕망이 싹텄다. 이 욕망이 가장 강하게 드러나는 곳은 인간이 곧 물자로 받아들여지는 영역, 즉 고용시장이다. 많은 기업이 직원을 쉽게 교체할 수 있기를 희망하며 비정규직을 채용한다. 고용안정성의 증가는 비효율성의 증대를 뜻한다. 한 직원을 다른 직원으로 교체하기 어렵게 되면 기업은 손해를 본다. 기업은 필요에 따라 효율적으로 사람을 데려다 쓰고, 용도가 다하면 다시 내보내는 것을 선호할 수밖에 없다. 이는 적절한 타이밍에 익절해야 하는 주식 거래의 원리와 똑같다.

이런 경향 속에서, 사랑 역시 적절한 타이밍에 교체 가능한 것으로 여겨지게 됐다. 결혼을 기피하는 현대인의 성향은 유동성 낮은 자산을 기피하는 투자자의 성향과 똑같다. 필요할 때 내칠 수 있어야지, 장기간 묶여 있어야 되는 상품은 높은 이윤이 보장되지 않는 이상 선호의 대상이 아니다. 마찬가지로, 내게 안정적으로 큰 행복을 줄 보장이 없는 사람과는 결혼할 필요가 없다. 이윤 보장도 안 되고 중도해지 시 위약금만 왕창 물어야 하는 상품에 왜 가입하겠는가? 현대인은 그런 리스크를 짊어지기를 원하지 않는다. 투자에서도, 사랑에서도.

## 자본주의적 사랑과 인터넷 쇼핑몰의 공통점

철학자 알랭 바디우는 사랑이 만남과 지속을 통해 이뤄진다고 말했다. 첫째로, 일단 사랑이 시작되려면 만남이 있어야 한다. 만남은 온갖 무질서한 사건들의 무작위적인 나열 속에서 벌어진다. 만남은 전적으로 내가 선택하는 게 아니다. 나를 둘러싼 훨씬 더 복잡한 상황 속에서 주어지는 것이다. 그 학교에 다니지 않았다면, 그 직장에 다니지 않았다면, 그때 그 식당에 들르지 않았다면, 그때 그 자리에 나가지 않았다면, 현재 곁에 있는 그 사람을 만나지 못했을 것이다. 모든 만남의 순간은 우연이 지배한다.

그런데 사랑하는 이들은 단지 모든 것이 우연히 스쳐 지나가도록 두지 않는다. 우연적인 조건들을 내 의지와 이성을 통해 배열함으로써 일정한 패턴을 만들어낸다. 그렇게 사랑의 두 번째 핵심 요소인 지속이 형성된다. 사랑은 지금의 관계를 파괴할 수도 있는 온갖 우연적이고 무질서한 위협을 극복하면서 오랫동안 지속되는 유의미한 흐름인 것이다.

그런데 바디우에 따르면 사랑에는 근본적인 리스크가 있다. 사랑은 똑같은 대상끼리 만나는 경험이 아니라, 서로 다른 주체가 만나서 지속적인 관계를 이뤄나가는 과정이다. 이 '다름'이 사랑의 핵심 요소다. 사랑은 서로 다른 두 주체가 그 둘의 관점에서 세상을 이해하는 경험이다. 한 사람의 관점이 아닌 두 사람의 관점에서 세상을 바라본다는 게 어떤 의미인지 깨닫는 과정이 바로 사랑이다. 따라서 사랑에서는 상대와 나의 다름 때문에 불화가 일어나고 상처받을 리스크가 항상 존재한다.

사람들은 투자 영역만이 아니라, 사랑의 영역에서도 리스크를 관리하고자 한다. 어떻게 하면 나와 다른 상대와 관계를 이끌어나가면서도 이익을 얻고 손실을 최소화할지를 고민한다. 그 리스크 관리법 중 하나는 상대방과 깊은 유대를 형성하지 않는 것이다. 이를 두고 '너무 정을 많이 주지 않는다'라는 표현을 쓰기도 한다. 적당히 거리를 유지하면서 적절한 양의 쾌락만 보장받는 관계. 위험 요소가 점점 커질 때 미련 없이 '탈출'할 수 있는 관계. 바디우는 이처럼 사랑에서도 온갖 효율적인 수단으로 리스크를 관리하려는 태도를 현대인들의 안전제일주의 정신과 연결했다.

현대인들은 사랑의 지속이 초래할 손실을 두려워한다. 상대방의 모습 중 나와 안 맞는 부분이 미래에 심각한 위험을 낳을지도 모른다고 생각한다. 내 기준에 부합하지 않는 부분을 계속 참다가 미래가 불행해지진 않을까 걱정한다. 이렇게 리스크를 안고 가는 지속의 과정이 불안하기에, 사람들은 애초에 만남 단계에서부터 위험을 최소화하고자 한다. 만남 단계에서부터 우연적인 요소를 최대한 배제하고 가능한 한 모든 것을 통제하려는 것이다. 만남 상대에 대한 모든 정량적 정보를 제공하는 결혼정보업체의 전략은 이런 요구에 부응한다. 이는 상세한 상품 정보를 제공하고 고객 리뷰를 통해 혹시 모를 결점까지 확인하게 하는 인터넷 쇼핑몰의 전략과 일치한다. 상거래 분야에서는 소비자의 위험 부담을 최대한 줄여주는 업체가 성공을 거머쥔다. 거래되는 항목이 물건이든, 사람이든.

하지만 이런 안전제일주의 사랑은 심각한 결점을 갖고 있다. 바로 '안전한' 사랑을 좇는 사람은 결코 둘의 관점에서 세상을 바라보는 경험으로 나아가지 못한다는 것이다. 안전제일주의 사랑은 어디까지 나 한 사람을 위한 것이다. 모든 리스크 계산은 순전히 '나'의 관점에서 이뤄진다. 나에게 얼마큼의 만족이 돌아올지, 그 만족이 깨질 확률은 얼마나 될지를 부지런하게 계산한다. 그러면서 나에게 최대의 행복을 줄 사람이 누구일지를 찾는다. 이기적 관점에서 계산적 활동을 반복하면서, 자신을 모든 것의 중심에 놓는 관점을 벗어나지 않는다. 그들은 누군가가 자신의 일부를 희생하면서까지 타인을 책임지려 하는 것을 도무지 이해하지 못한다. 그런 자기희생은 완전히 불필요하고 미련한 짓이라 여긴다. 하지만 이는 어디까지나 하나의 관점에서 세상을 바라볼 때 드는 생각에 불과하다. 둘의 관점에서는 전혀 다른 세상이, 전혀 다른 가치체계가 보인다. 이기적 관점에만 머무르는 사람은 이 차이를 끝내 이해하지 못한다.

## 사랑은 정말 나를 위한 것인가?

다시 환승에 대한 이야기로 돌아가자. 우리는 환승이 일인칭 경험을 나타내는 표현이라는 것에 주목할 필요가 있다. 환승의 주체는 나다. 버스나 지하철은 나의 의지에 의해 이용되며, 목적지까지 효율적으로 도달하는 도구다. 환승이라는 표현에는 상대를 나와 동등한 주체로 여기지 않는 태도가 포함되어 있다. 두 명의 서로 다른 사람이 만나 하나의 새로운 주체가 되는 경험이 전혀 나타나 있지 않다. 이런 자기중심적인 단어를 자연스럽게 사용하면서, 그리고 모든 것이 유동적으로 교체되는 현대사회를 살아가면서, 우리는 상대를 수단이 아닌 주체로 여기는 능력을 점점 잃어버린다. 그러면서 둘의 관점에서 세상을 바라볼 가능성은 점차 사라지고, 오직 나 하나의 관점만으로 세상을 바라보게 된다.

우리는 이제 나를 위해 사는 게 자연스럽고 당연한 일이라고 생각하기에 이르렀다. 너무 당연해서 거기에 의문을 품는다는 것조차 이상한 지경이 됐다. 그러나 세상에 당연한 건 존재하지 않는다. 내가 너무나 당연하다고 생각하는 그것이야말로 가장 당연하지 않은 것이며, 나를 위한 것이 아닌 사회의 필요에 의해 구성된 결과물일 때가 많다.

과연 나를 위해 사는 게 당연한 걸까? 나를 위해 산다고 정말 행복해질까? 결코 그럴 수 없다. 인간은 나를 넘어서서 '우리'를 위해 살아야 한다. 오직 그런 삶을 살 때 이기주의적 행복을 훨씬 뛰어넘는 공동의 행복을 경험할 수 있기 때문이다. 사랑의 대상을 단지 나의 행복을 위한 수단으로만 여기는 관점에서는 이 말의 뜻을 결코 이해할 수가 없을 것이다.

## 19.
## 유목민과 파블로프의 개

우리는 정보가 점점 더 많아지지만 의미는 점점 더 적어지는 세상을 살아가고 있다.

_장 보드리야르

대학교를 졸업할 때까지 나는 한 달에 데이터 300MB짜리 핸드폰 요금제를 썼다. 전자기기에는 별로 관심이 없었기에, 핸드폰을 살 때면 매번 가까운 동네 가게에 가서 "제일 싼 걸로 주세요"라고 말하곤 했다. 요금제도 어머니 뜻에 따라 최저가 가족 요금제를 썼다. 그 결과 다소 열악한 요금제로 7년을 살았다.

내가 그렇게 살면서 별로 불만이 없었던 이유는 핸드폰으로 별로 하는 것이 없었기 때문이다. 게임도 안 했고, 인터넷 검색도 별로 안 했다. 영상을 보거나 음악을 듣는 건 와이파이 잡히는 곳에서 하면 됐다. 사실 이게 그렇게 어려운 일은 아니다. 어렸을 때부터 적응이 돼서 별로 불편하지 않았다.

물론 업무상 인터넷이 항상 필요한 사람이면 이런 생활을 못 하겠지만.

대학생 때 나는 1시간 정도 거리를 통학했다. 그중 버스를 타며 40분 정도를 보냈으니, 왕복으로 따지면 매일 1시간 20분을 버스에서 보낸 셈이다. 그때는 다행히(?) 버스에 와이파이가 없었다. 만약 와이파이가 있었거나 넉넉한 요금제를 썼다면 나는 아마 그 긴 통학 시간 동안 인터넷만 했을 것이다. 물론 거기서 의미 있는 활동을 했을 수도 있지만, 그보다는 봐도 그만 안 봐도 그만인 뉴스나 가십거리를 보는 데 많은 시간을 썼을 것이다. 당시 나는 주로 책을 읽었다. 멍하니 창밖을 바라보기도 하고, 때로는 미리 다운로드한 음악을 듣기도 했지만, 가장 많이 한 건 책 읽기였다.

지금도 직업적으로 책을 많이 읽는 생활을 하고 있지만, 내게도 독서는 결코 쉬운 일이 아니다. 어렵고 두꺼운 책을 읽으려고 하면 숨부터 턱 막히고 엄두가 안 날 때가 많다. 이런 점에서 인터넷이 차단된 버스 공간은 독서에 최적의 환경이었다. 어차피 시간은 보내야 하고, 놀거리는 아예 없고. 그런 상황에서는 어렵고 두꺼운 책도 나름 고마워진다. 읽을거리라도 있어서 다행이라는 생각이 드는 것이다. 그렇게 나는 고립된 환경과 열악한 데이터 요금제 덕분에 어려운 책 안에서도 차근차근 재미를 발견하는 법을 터득했다.

### 효율성의 함정

돌이켜보면, 살면서 가장 깊은 인간관계를 형성했던 시기는 오히려 스마트폰을 자유롭게 사용하지 못하던 때였다. 고등학생 때는 학교에서 아침마다 핸드폰을 걷어가서, 대부분 학생은 주변 사람들에게 관심을 기울였다. 어릴 땐 원래 그렇긴 하지만, 친구들과 어울리지 않고는 할 게 없었다. 쉬는 시간이 되면 삼삼오오 모여서 떠들고 장난쳤다. 점심 저녁 시간에는 함께 운동장을 뛰놀았다. 과연 핸드폰이 없다고 공부에 더 집중했는지는 잘 모르겠지만, 어쨌든 주변에 더 관심을 기울였다는 것만큼은 분명하다.

군대에서도 핸드폰 사용이 금지였다. 나는 공군 헌병 출신으로, 부대 정문이나 후문을 지키는 근무를 주로 섰다. 근무 때는 항상 두 명이 짝지어 투입됐다. 군대라는 특성상 24시간 문을 지켜야 하니, 지나가는 사람이 없는 시간대가 많았다. 특히 새벽에는 거의 아무도 문을 지나지 않았다. 그럴 때면 깜깜한 초소에서 단둘이 몇 시간을 보내야 했다. 그때 부대원들과 이야기를 참 많이 나눴다. 친구, 가족, 사랑, 정치, 진로….

이렇게 딴짓할 거리가 없이 몇 시간을 대화하니, 도저히 친해지지 않을 수가 없었다. 그때 친해진 동료들과는 여전히 각별하게 지낸다.

물론 고등학교와 군대에서 깊은 인간관계를 맺게 된 이유가 단순히 핸드폰 사용을 못 했다는 것 하나만은 아니다. 하지만 분명 끊임없이 제공되는 인터넷 정보에서 눈을 떼면, 주변에 더 많은 관심을 기울이게 된다. 별로 새로울 게 없는 화면을 계속 새로 고침을 하고 있기보다, 당장 내 옆을 지나가는 사람이나 주변 환경에 한 번 더 눈길을 주게 된다.

자극적인 영상과 사진, 짧은 글들은 별로 집중을 안 해도 너무나 쉽게 이해된다. 우리는 그 편리한 재미에 아주 쉽게 빠져든다. 반면 두꺼운 책이나 내 옆의 동료는 어떤가? 관심을 기울이고 집중력을 발휘해 소통해야 간신히 재미를 느낄 수 있다. 능동적으로 탐구해야 대상의 진정한 가치와 의미가 드러난다. 책을 읽거나 동료와 이야기하는 일은 스마트폰 화면을 쳐다보는 일보다 훨씬 더 에너지가 든다. 이렇게 투입값이 크게 드는 일을 사람들은 '비효율적'으로 여긴다. 현대사회에서 비효율성은 죄악이자 기피 대상이다. 자연스럽게 사람들은 더 효율적이고 손쉽게 재미를 찾을 수 있는 인터넷 화면에 끌리게 된다.

하지만 간편하고 효율적으로 얻어진 재미는 금방 고갈된다. 그 빈자리를 채우기 위해 사람들은 또다시 효율적으로 다른 것을 찾는다. 반면 어떤 재미들은 고갈이라는 개념 자체를 적용할 수 없다. 그것들은 고정되어 있는 '양'이 아니라 깊이가 한정되지 않은 '질'로서 존재한다. 가슴을 울리는 고전 한 권은 어떻게, 어떤 상황에서 읽느냐에 따라 매번 새로운 재미를 전한다. 깊은 속마음을 터놓고 대화할 수 있는 친구 한 명은 익명의 사람 수백만 명으로도 대체될 수 없는 즐거움을 준다.

잠시 스마트폰 화면에서 멀리 떨어져서 세계를 바라보면, 이러한 질적 즐거움이 주위에 하나둘 모습을 드러내기 시작한다. 물론 스마트폰을 사용한다고 이런 경험을 완전히 잃는 건 아니다. 다만 너무나 쉽고 효율적으로 재미를 얻다보니, 더 어려운 재미를 향해 나아갈 의지가 꺾인다. 이러한 의지를 되찾기 위해서는 스마트폰에서 잠시 멀어지는 것도 좋은 방법이다.

### 스트리밍 시대의 사랑

아주 어렸을 때 나는 '마이마이'라는 휴대용 카세트테이프

플레이어로 음악을 들었다. 그러다가 초등학생 때 MP3플레이어가 나왔다. 당시엔 완전히 혁신적인 사건이었다. 카세트테이프는 내가 원하는 음악을 모으기가 까다로워서, 가수 앨범이나 클래식 음악 목록이 통째로 들어 있는 걸 듣는 게 대부분이었다. 그런데 MP3플레이어는 내가 원하는 음악들을 손쉽게 추가하거나 삭제할 수 있다. 그렇게 나만의 플레이리스트를 쉽게 만들 수 있다는 건 엄청난 진보였다. 그런데 지금은 그 시대도 지나간 지 오래다. 스마트폰이 등장한 이후 음악 시장은 스트리밍 서비스 위주로 재편됐다. 내가 모아 놓은 한정된 음악만 듣는 게 아니라, 실시간으로 인터넷에 접속해 제한 없이 음악을 듣는 게 당연해졌다.

스트리밍은 영상을 보는 방법도 크게 바꿨다. 어렸을 때는 동네마다 비디오방이 있어서 비디오를 하나하나 빌려다 봤다. 하지만 오늘날 사람들은 유튜브나 넷플릭스 같은 스트리밍 서비스를 통해 실시간으로 영상을 볼 수 있게 됐다. 심지어 스마트폰만 있으면 언제 어디서나 영상을 즐길 수 있는 시대가 됐다.

스트리밍의 등장은 무엇을 바꿨는가? 물질이 우리 주변에서 소멸하고 있다. 과거에는 음악을 듣거나 영상을 보려면 반드시 기기가 따로 있어야 했다. 그래서 우리 주변에는 물건이 참 많았다. 그런데 이제는 스마트폰 하나만 있으면 모든 걸 누리는 게 가능하다. 이 시대에는 검소함이 아이러니한 방식으로 실현됐다. 문화생활과 관련해, 종이 신문, 라디오, LP, 카세트테이프, CD, 비디오 같은 다양한 물건이 점차 사라지는 추세다.

물질의 소멸은 결코 사소한 변화가 아니다. 구체적인 사물이 사라지고 모든 정보가 눈에 보이지 않는 인터넷 서버로 이동하면서, 우리는 하나의 대상 안에 오래 머무르는 경향에서 멀어졌다. 과거에 우리는 여러 사물을 통해서 정보를 접했다. 물건에는 부피나 무게감이 있어서 무한정 새로운 것을 접하는 게 불가능하다. 예를 들어서, 책이나 비디오를 보관하려면 공간이 필요하다. 그래서 모으는 데 제약이 있다. 게다가 그런 것들은 하나하나가 다 돈이 든다. 이런 여러 이유로, 사람들은 적절한 개수의 사물만 수집하고 그것들을 오래 향유하는 방식으로 문화생활을 했다. 책 한 권을 사면 끝까지 읽었다. 비디오 하나를 여러 번 돌려 보는 일도 흔했다.

하지만 스트리밍의 등장으로 패러다임이 완전히 바뀌었다. 이제 전자기기 하나만 있으면 무한정 새로운 문화생활을 할 수 있다. 우리에게는 하나의 것을 오래 즐길 시간이 없다. 책 한 권을 꼼꼼히 여러 번 읽고 있으면 뭔가 손해 보는 느낌이 든다. 쉴 새 없이 나오는 새로운 정보의 흐름에 뒤처지는 느낌을 받는다. 음원 사이트에는 내가 음악을 듣는 속도보다 더 빠른 속도로 신곡이 업데이트된다. 영상 스트리밍 사이트에는 내가 따라갈 수 없는 속도로 새 영상들이 추가된다. 이런 조건 속에서, 하나의 콘텐츠를 오랫동안 즐기는 것은 오로지 패러디의 형태로만 가능하게 됐다. 춤 영상 하나가 화제가 되면 수많은 커버 댄스와 패러디 영상이 등장한다. 우리는 똑같은 춤을 수천 번 본다. 하지만 이 반복은 하나의 대상 안에 오래 머무르는 경험이라기보다는, 잠시도 머무르지 않는 경험에 더 가깝다. 우리는 한 사람이 똑같은 춤을 계속 추는 것에는 전혀 관심이 없다. 새로운 사람이 새로운 곳에서 새로운 옷을 입고 똑같은 춤을 춰야 만족한다.

이는 아도르노와 호르크하이머가 말한 베스트셀러의 반복 현상과 똑같다. 이미 익숙하지만 디테일만 약간 변한 것의 무한 반복. 문화산업이 사람들에게 성찰의 시간을 뺏고 소비를 이끌어내는 방식은 스트리밍의 시대에 더욱 가속화됐다. 아마 아도르노와 호르크하이머에게는 비디오나 카세트테이프도 충분히 문화생활을 가볍게 만드는 기술로 보였을 것이다. 하지만 스트리밍 기술의 등장은 이전보다도 훨씬 더 가볍고, 오래 머물지 않고, 정처 없이 흘러가는 경향을 강화했다.

이제 사람들은 머물 곳이 없다고 해서 불안해하지 않는다. 오히려 한 곳에만 머물러 있어야 할 때 가장 심한 불안을 느낀다. 우리는 21세기에 유목민의 부활을 목격하고 있다.

## 우리는 파블로프의 개가 되었는가

대중적으로 가장 잘 알려진 과학 실험 중에 '파블로프의 개 실험'이 있다. 개에게 먹이를 줄 때마다 종소리를 들려줬더니, 나중에는 먹이를 주지 않고 종만 울려도 개가 침을 흘리게 됐다는 걸 발견한 것이다. 이른바 '고전적 조건형성'을 발견한 첫 생리학적 실험이었다. 고전적 조건형성이란 처음에는 어떤 반응을 일으키지 않던 자극이 반복 학습을 통해 그 반응을 일으키게 되는 것을 뜻한다.

스트리밍 문화에 길들여진 인간은 하나의 콘텐츠를 보면 다음 콘텐츠를 향해 침을 흘린다. 어떤 콘텐츠를 보든, 그 콘텐츠 자체에 집중하는 게 아니라, 다음에 나올 콘텐츠를 기대한다. 현대인들에게 모든 콘텐츠는 다음 콘텐츠를 향해 거쳐 가는 중간 과정이다. 그 자체로 목적이 되는 콘텐츠는 이제 없다. 모든 것은 깊은 감상의 대상이 아니라 다음 것을 감상하기 위한 예열용 장작이다. 이는 반복 학습의 결과다. 스트리밍 시스템은 사람들에게 끊임없이 다음, 다음, 다음 것을 준다. 스트리밍 회사는 우리가 하나의 콘텐츠만 소비하고 말기를 원하지 않는다. 알고리즘이라는 미로를 따라 끝없이 다음 것으로 넘어가며, 계속 플랫폼에 남아 광고에 빠지기를 원한다. 그렇게 스트리밍 회사들이 설계한 대로 반복 학습을 하다 보면, 하나의 콘텐츠를 보는 동시에 자동적으로 다음 콘텐츠를 기대하게 된다. 무한 소비에 빠지는 것이다.

틱톡, 인스타그램, 유튜브 쇼츠는 이런 원리를 극단적으로 이용한다. 이 시스템들은 아예 체인처럼 현재의 영상과 다음 영상을 이어 붙여서, 우리는 자연스럽게 하나의 영상을 보는 동시에 다음 영상으로 넘어갈 준비를 하고 있다. 이런 경험 안에서는 현재 마주한 콘텐츠 하나에 몰입하는 게 불가능하다. 항상 정신이 반은 현재의 것에, 반은 다음의 것에 분산되어 있다.

이런 반복 학습은 사랑에도 영향을 끼친다. 현대의 연인 관계는 하나의 것에 머무르는 경험이 아니라 다음 것을 향해 끝없이 나아가는 경험이다. 연인들은 다음 데이트, 다음 기념일, 다음 선물, 다음 여행을 계속 생각한다. 오늘은 이걸 했으니 다음에는 저걸 해야지. 이번 데이트에는 이걸 해봤으니 다음 데이트에는 저걸 해봐야지. 지금 상대방을 마주하며 하나의 계획을 실현하고 있는 순간, 이미 다음 계획을 향해 침을 흘리고 있다. 엄지손가락은 이미 다음의 것을 강렬히 원하고 있다.

심지어 한 사람을 만나는 순간부터 다음 사람을 열망하는 경우도 있다. 이런 경우는 바디우가 말한 사랑의 두 요소인 만남과 지속 중 만남의 짜릿함에만 중독된 것이다. 사랑을 지속한다는 것은 고된 일이다. 지속은 관계를 위협하는 온갖 우연적인 힘들을 이겨내려는 부단한 노력을 통해서만 성취될 수 있다. 반면 만남의 쾌락은 비교적 쉽게 얻어진다. 누구나 쉽게 좋은 사람을 만날 수 있다는 말이 아니다. 일단 새로운 사람을 만나면, 누구나 쉽게 즐거움을 느낄 수 있다는 이야기다. 이는 지속의 즐거움에서 온갖 고통을 이겨내는 과정이 핵심인 것과 명확하게 구별된다. 새로운 만남은 지속의 고통이 없이도 손쉽게 짜릿함을 선사한다. 여기에 중독된 사람들은 현재의 만남보다도 다음엔 뭐가 나올까를 기대하는 것에 더 큰 쾌락을 느낀다. 이러한 쾌락은 도박장의 슬롯머신과 유사하다. 다음엔 뭐가 나올까. 또 다음엔 뭐가 나올까. 사람들이 도박에 중독되는 이유는 이 '다음'에 대한 끝없는 기대가 현실의 우울함을 잊게 만들기 때문이다. 다음 만남에 중독되는 심리도 마찬가지다.

## 왜 고통이 의미가 있는가

즐거움에는 두 가지 종류가 있다. 첫째는 고통스러운 현실을 잊게 만드는 즐거움이다. 인터넷의 쉬운 콘텐츠들은 현실의 고통을 잊게 만든다. 콘텐츠를 이해하기 위해 노력할 필요 없이, 그냥 빠져들어서 계속 다음 것, 다음 것, 다음 것을 보기만 하면 된다. 사람 간의 쉽고 가벼운 만남 역시 마찬가지다. 주체적인 힘을 발휘해서 역경을 극복할 필요가 없이, 역경이 있으면 다음 만남으로 넘어가면 된다. 새로운 것은 언제나 쉽고 짜릿하니까.

반면 두 번째 종류의 즐거움은 고통 자체를 하나의 중요한 요소로 포함하는 즐거움이다. 깊은 메시지가 있는 어려운 책 한 권을 읽는 행동은 당장은 즐거움이 아니라 고통을 준다. 하지만 그걸 견디면 단순한 쾌락과는 완전히 질적으로 다른 즐거움을 얻을 수 있다. 사람과 진솔한 대화를 나누는 일 역시 마찬가지다. 나의 진심을 전달하고 상대방의 말을 경청하는 일은 결코 쉽지 않다. 하지만 끈질긴 노력을 통해 그 일을 해낼 때, 가볍고 피상적인 의사소통으로는 결코 얻을 수 없는, 삶을 관통하는 즐거움을 얻게 된다.

쉽고 가벼운 즐거움의 특징은 '이제 그만 해야 되는데'라고 생각하면서도 계속하게 된다는 것이다. 반면 고통을 극복하는 과정이 핵심 요소인 깊은 차원의 즐거움은 지금 내가 나아가고 있는 길이 올바른 길이라는 확신을 준다. 그러면 우리는 이 둘 중에서 무엇을 추구해야 하는가? 끝없이 의심되는 즐거움인가, 아니면 확신을 주는 즐거움인가? 선택은 우리의 몫이다.

## 20.

## 바보에게서 사랑을 배우는 법

불가능한 것을 위해 노력합시다.
인류 역사를 관통하는 위대한 성취는
불가능해 보이는 것에 대한 정복이었습니다.
_찰리 채플린

1931년에 개봉한 찰리 채플린의 무성영화 〈시티 라이트〉의 마지막 장면은 영화사에서 가장 위대한 장면 중 하나로 꼽힌다. 영화의 배경은 1920~30년대 미국의 한 대도시다. 주인공은 익살스러운 떠돌이 한량으로 여기저기 돌아다닌다. 하루는 그가 길을 걸어가는데 눈먼 여인이 길거리에 앉아서 꽃을 팔고 있었다. 떠돌이는 마지막 남은 동전을 꺼내 꽃을 한 다발 사준다. 그런데 거스름돈을 받으려고 하는 순간, 그의 뒤에서 누군가가 자동차 문을 쿵 닫고 출발해버린다. 앞을 볼 수 없는 여인은 그 떠나간 사람을 떠돌이로 착각한다. 그녀는 떠돌이가 거스름돈을 일부러 받지 않은 마음씨 착한 사람이라고 생각한다. 떠돌이는 그 모습을 보며 거스름돈을 포기하고 조용히 자리를 뜬다.

이후 떠돌이는 한 주정뱅이 백만장자의 목숨을 구했다가 이상한 일에 휘말리기도 하고, 꽃 파는 여인을 돕기 위해 공장 일을 하다가 사고를 쳐서 해고되거나, 내기 복싱 대회에 나가서 흠씬 두들겨 맞기도 한다. 결국 우여곡절 끝에 여인에게 눈 수술을 받을 치료비를 전하고는, 돈의 애매한 출처 때문에 억울한 옥살이도 한다. 그 후 이어지는 영화의 마지막 장면은 영화사에서 가장 위대한 엔딩 장면으로 꼽힌다.

감옥에서 나온 떠돌이는 다 해진 옷을 입고 초라한 모습으로 길을 걸어간다. 그러던 중 세련된 꽃집을 운영하고 있는 한 여인을 발견한다. 바로 그녀였다. 떠돌이가 준 돈으로 눈도 치료하고 꽃집도 연 것이다. 하지만 그녀는 한 번도 떠돌이의 얼굴을 본 적이 없다. 문밖에서 웬 이상한 사람 한 명이 거지꼴을 하고 자신을 쳐다보자, 여인은 도움이 필요한 사람이라고 생각해 동전을 꺼내서 주려 한다. 정체를 밝히기엔, 떠돌이는 자신의 초라한 모습이 부끄러웠다. 또한 가난한 자신은 이제 눈을 치료하고 어엿한 꽃집을 연 여인에게 어울리지 않는 사람이라고 생각한다. 그래서 돈을 받지 않고 조용히 자리를 뜨려고 한다. 그런 그에게 여인은 손을 잡고 동전을 쥐여 준다.

바로 그때, 여인은 손의 감촉을 통해 그 사람이 자신을 도와준 떠돌이라는 걸 알아차린다. 여인은 손으로 그를 더듬으며 묻는다. "당신이에요?"

떠돌이는 고개를 끄덕이고, 대답 대신 질문을 한다. "이제 볼 수 있어요?"

여인은 대답한다. "네, 이제 볼 수 있어요."

그렇게 여인은 고마우면서도 가슴 아픈 표정으로 떠돌이를 바라본다. 떠돌이는 멋쩍은 듯 오묘한 표정을 지으며 여인을 바라본다. 두 사람의 강렬한 응시와 함께 영화는 막을 내린다.

개인적으로 나는 이보다 더 깊은 울림을 자아내는 영화 결말을 보지 못했다. 이 영화는 무성영화여서 아무런 대사가 없다. 모든 장면은 표정, 행동, 음악, 그리고 대사를 대체하는 간단한 글귀로만 이뤄져 있다. 하지만 굳이 대사를 직접 듣지 않아도 등장인물들의 감정과 생각이 잘 전달된다. 특히 마지막 장면에서는 떠돌이의 눈빛 안에 그동안의 모든 일과 감정이 압축되어 표현된다. 어쩌면 인간의 진실을 표현하기 위해 말은 불필요한 것일지도 모른다. 눈빛은 말보다 더 적은 것만을 표현하지만, 더 깊은 것을 꿰뚫는다.

## 사랑이 자본주의를 벗어날 수 있을까?

이 이야기에서 떠돌이가 보여주는 사랑은 우리가 지금까지 살펴봤던 자본주의적 사랑에 정면으로 반한다. 첫째, 떠돌이와 여인의 관계는 팀 관계가 아니다. 그들은 서로의 이익을 극대화하기 위해 협력하는 관계가 아니다. 떠돌이는 처음 여인을 만났을 때 거스름돈을 돌려받을 수도 있었다. 그도 만만치 않게 가난한 입장이기에, 한 푼 한 푼이 무척 소중했을 것이다. 하지만 그는 자신보다 더 처지가 딱해 보이는 여인을 위해 거스름돈을 양보한다. 그 어떤 미래의 이득도 기대하지 않고 말이다. 이후 우연히 만남을 반복하다가 사랑에 빠지자, 떠돌이는 자신을 희생해서라도 어떻게든 여인의 처지를 더 좋게 만들어주려 애쓴다. 안 하던 공장 일도 하고, 위험한 복싱 경기에도 나선다. 또한 강도 누명을 쓰면서까지 여인에게 치료비를 전한다. 처음부터 끝까지, 떠돌이의 사랑은 이익을 목표로 하지 않는다. 아니, 오히려 손실을 감수한다. 만약 그가 이익의 극대화를 목표로 했다면, 굳이 길거리에서 꽃을 파는 눈먼 가난한 여인을 사랑하지도 않았을 것이다. 그 여인 말고도 '객관적으로' 더 나은 조건을 갖춘 수많은 여성이 존재한다. 하지만 떠돌이는 계산적 사고에 종속되지 않는다. 떠돌이의 사랑은 그 어떤 사업보고서나 손익계산서로도 '합리적'으로 설명이 안 된다.

둘째, 떠돌이는 여인을 사물처럼 여기지 않는다. 그의 목적은 즐길 수 있을 때 최대한 이익을 뽑아내고 빠지는 것이 아니다. 그는 여인의 삶 자체와 깊은 관계를 맺으려 한다. 여인이 할머니와 함께 가난하게 살고 있다는 걸 알게 됐을 때, 떠돌이는 단지 여인만을 위하는 게 아니라 여인의 할머니까지도 돕는다. 밀린 월세를 대신 내주려는 떠돌이의 결정은 결코 여인을 소유하기 위한 욕망에서 나오는 게 아니다. 그보다 여인의 삶 자체가 더 행복했으면 하는 바람에서 나오는 것이다. 따라서 떠돌이는 그녀가 할머니와 함께 안전한 환경에서 생활할 수 있도록 최선을 다한다. 이는 사랑의 상대를 언젠가 익절할 주식이나 언제든 갈아탈 수 있는 교통수단으로 여기며 깊은 관계를 피하는 사고방식으론 불가능한 행동이다.

셋째, 떠돌이는 새로운 만남이 주는 짜릿함보다 지속의 노력을 통해 얻어지는 행복을 추구한다. 백만장자의 목숨을 구한 후, 떠돌이는 마음만 먹으면 그를 따라 호사스러운 파티를 돌아다니면서 새로운 여성을 가볍게 만날 기회도 많았다. 하지만 그는 꽃 파는 여인을 돕고 그녀를 사랑하는 데 온 관심을 쏟는다. 그에게 끝없는 다음, 다음, 다음은 전혀 중요한 고려 대상이 아니다. 그는 새로운 소비를 통한 새로운 자극을 갈망하지 않는다. 오히려 끈질긴 노력으로 지금 주어진 사랑을 지탱하려 한다. 그는 돈 주고 살 수 있는 손쉬운 쾌락보다 값을 매길 수 없는 어려운 행복을 추구한다.

〈시티 라이트〉에서 떠돌이는 결코 영웅적이거나 숭고한 느낌의 캐릭터가 아니다. 그는 채플린 특유의 바보 같고 우스꽝스러운 캐릭터다. 똑똑함이라곤 전혀 없고, 모든 일에 미숙해서 사고만 치면서 돌아다닌다. 좋은 일자리를 얻기 위한 능력은 아무것도 없으며, 합리성이라곤 찾아볼 수가 없다. 즉, 그는 자본주의 사회의 기준에서 완전히 낙제점을 받을 인물이다. 그는 용의주도하게 이익을 얻고 똑똑하게 미래를 설계하는 대신, 미련하게 자신을 희생한다. 그는 교환가치라는 자본주의의 신성한 원리에 전혀 아랑곳하지 않는다. 얼마나 큰 가치를 돌려받을 수 있는지는 그에게 별로 중요하지 않다. 그는 사랑을 통해 다른 목적을 실현하려 하지 않고, 사랑 자체를 목적으로 추구한다. 이윤 없는 목적 추구, 자본주의 원리는 이를 바보 같은 짓이라고 부른다.

하지만 바보의 기준은 사회마다 다르다. 지금 사회에서 바보로 여겨지는 것이 다른 사회에서는 최고의 미덕으로 여겨지던 경우도 있다. 기독교, 불교, 유교 문화에서는 모두 자신이 손해 보는 사랑을 인간 존재의 완성과 연결 짓는 전통이 있다. 예수 그리스도는 인간을 위해 고통받고 십자가에 못 박혔다. 붓다는 전생에 산속을 걷다가 새끼를 낳은 어미 호랑이가 굶주리는 모습을 보고 절벽에서 뛰어내려 자신의 몸을 먹이로 내줬다. 공자는 부모가 자식에게 갖는 책임이나 자식이 부모에게 발휘하는 효심을 인간성의 본질로 이해했다. 이 세 전통에서는 이익 없이 남을 사랑하는 마음이 바보 같다고 조롱받지 않고, 너무나도 고귀한 품성으로 여겨진다.

### 이기적 유전자와 이기적 인간

오늘날 우리는 이 전통이 시대착오적이라고 생각한다. 자본주의 질서가 모든 곳에 강력한 지배력을 뻗치는 이 시대에, 이윤 없는 모든 행동은 비합리적인 것으로 치부된다. '동등한' 가치가 교환되지 않으면 불공정한 관계로 여겨진다. '얘가 재랑 왜 사귀지? 얘가 진짜 아깝다.', '너는 그렇게 손해 볼 거면 뭐 하러 걔랑 사귀어? 미련하게.' 이런 생각과 말들이 숨 쉬듯 자연스러운 게 됐다. 사람과 사람을 비교하고 관계조차 거래의 관점에서 바라보는 사고방식은 이제 우리 사회의 진리로 자리 잡았다.

지금 시대의 교육과 문화는 거래 중심적인 사고방식에 맞춰져 있다. 생물학은 '이기적 유전자'에 대해서 말한다. 인간은 유전자의 존속을 위해 행동하는 기계라는 것이다. 이 관점에 따르면 인간이 조건 없이 남을 사랑하는 것은 그게 어떤 방식으로든 유전자의 존속에 도움이 되기 때문이다. 몇몇 심리학자들은 이타적인 행동의 동기를 우월감을 통해 설명한다. 심리적 우월감을 느끼는 게 남을 돕는 원인이라는 것이다. 경제학은 인간이 이기적으로 행동한다는 걸 당연한 전제로 말한다. 이익을 자발적으로 포기하는 현상은 철저히 예외적 현상으로 다뤄진다. 이런 견해들이 실제로 옳은지 그른지는 별로 중요하지 않다. 중요한 건 우리가 이런 견해들을 통해 이기심을 인간의 가장 근원적인 에너지로 바라본다는 것이다.

하지만 똑같은 학문적 관찰 사실이라고 해도 그걸 어떻게 해석할지에는 수많은 가능성이 있다. 예를 들어서, 인간이 실제로 유전자의 존속을 위한 기계일지도 모른다. 하지만 인간이 그런 기계에 불과하다고 생각할지, 아니면 그런 면모는 인간의 일부분에 불과하다고 생각할지는 우리의 자유다. 인간은 하나의 차원에만 갇힌 존재가 아니다. 우리는 생물학적인 존재이자 문화를 가진 존재, 생각할 수 있는 존재, 정치적 존재이기도 하다. 이 외에도 우리 존재 안에는 셀 수 없이 많은 차원이 있으며, 각 차원은 나름의 논리와 구조를 갖는다. 생물학적 설명은 생명체로서의 인간에 적용될 뿐이다. 심리학적 설명은 의식을 가진 존재로서의 인간에 적용될 뿐이다. 그 어떤 학문적 설명도 인간 존재를 총체적으로 규정할 수 없다. 인간이 유전자의 존속을 위해 행동하는 경향성을 가졌다고 해서, 유전자의 존속이 곧 우리 삶의 목적이 되는 건 아니다.

## 사랑으로 자본주의에 맞서라

인간은 문화 속에서, 종교 속에서, 예술 속에서, 관계 속에서 다양한 목적을 발견한다. 때로 인간은 유전자의 존속에 반하는 목적을 품게 되기도 한다. 그렇다면 이 목적은 신성한 생물학적 원리에 반하는 불경한 것일까? 그렇지 않다. 생물학적 조건은 인간을 이루고 있는 하나의 조건일 뿐이다. 우리는 그 조건에 반항할 가능성을 가졌다.

모든 것을 거래의 관점에서 바라보는 사고방식은 자본주의 시스템의 존속에 중요한 역할을 한다. 따라서 지금의 사회는 끊임없이 이 사고방식을 보존하려 한다. 사람들이 결코 의심을 품지 않도록 온갖 문화적 산물들이 끊임없이 거래적인 사고방식을 주입한다. 이상한 음모론을 주장하는 게 아니다. 이 사회라는 시스템 자체가 하나의 생명체처럼 작동하면서 자기 보존을 위해 사회 구성원들을 조종한다는 것이다. 자본주의 사회라는 거대한 체계에 뿌리 깊게 영향을 받은 사람들은 거래 관계를 모든 관계의 원형으로 여기게 된다. 그러면서 사랑의 관계도 일종의 거래 관계라는 생각이 확고한 진리로 자리 잡는다.

하지만 우리는 시스템에 맞설 자유를 가졌다. 〈시티 라이트〉의 바보 같은 떠돌이 캐릭터는 자본주의적 구도에서 벗어난 사랑의 가능성을 보여준다. 그는 바보 같기에 사회의 요구를 따를 줄 모른다. 시대적 상식에 맞게 행동하며 이익을 추구할 줄도 모른다. 하지만 바로 이 바보스러움 때문에 남들과 다른 사랑을 한다. 시대가 명령하는 것과는 다른 사랑의 방식을 추구한다. 그는 사랑하는 사람의 행복을 위해 노력하는 것 속에서 자기 행복을 찾는다. 그는 결코 자신이 행복해지겠다는 목적만을 위해 눈먼 여인을 도와주는 게 아니다. 그녀를 도와주는 것이 그에게 목적 그 자체다. 행복은 그 목적을 위해 노력하는 과정에서 부차적으로 찾아온다. 그는 거래할 줄 모른다. 손해가 뭔지도 모른다. 이 무지 때문에 그는 손해를 피하려는 현대인의 강박적인 불안에서 자유롭다. 손익에 상관없이, 내면에 있는 사랑의 목소리를 따르기 때문이다.

진짜 바보는 누구일까? 사회의 요구는 충족시킬 줄 모르더라도 내면의 사랑이 이끄는 대로 행동하는 떠돌이? 혹은 사회의 요구는 기가 막히게 잘 따르지만 그 밖의 모든 행동은 비합리적이라고 배격하는 우리? 경주에서 남들과 반대 방향으로 달리는 떠돌이? 혹은 결승선까지 똑똑하게 고분고분 잘 달리는 경주마 같은 우리? 이익과 효율성의 논리로 보면 떠돌이가 바보로 보이겠지만, 가능성과 자유, 그리고 무엇보다 사랑의 관점에서 생각하면 우리가 바보일 것이다.

마치며

# 모든 사랑의 가능성이 이루어지기를

인간의 생각은 묘한 특성을 가졌다. 우리가 무엇을 생각할 수 있는지는 우리가 무엇을 생각할 수 있다고 생각하는지에 따라 달라진다. 말장난 같지만 정말이다. 당연히 기계가 인간처럼 될 수는 없다고 생각했던 과거의 사람들은 인간처럼 행동하는 기계를 결코 상상할 수 없었다. 반면 오늘날에는 사람들이 이런 생각의 가능성을 인정하기 시작하면서, 실제로 인간처럼 행동하는 기계를 생각할 수 있게 되었다.

우리는 지금까지 사랑에 대한 다양한 철학적 생각을 살펴보았다. 그 과정은 어떤 생각이 옳고 그른지를 가려내는 작업이 아니라, 어떤 생각이 가능한지를 탐구하는 작업이었다. 사회는 생각할 수 있는 것과 없는 것, 생각해도 되는 것과 안 되는 것을 끊임없이 나눈다. 그리고 생각의 한계를 금기로 규정짓고 배제한다. 우리는 지금까지 그렇게 떠오르지 않게 된 것들을 떠오르게 만들고자 노력하는 여정을 걸어왔다. 그건 "금지하는 것을 금지하라"라는 표어처럼, 금지된 것과 불가능한 것을 가능한 것으로 변화시키려는 과정이었다.

사랑은 오래된 현상이다. 아마 인류만큼 오래됐을 것이다. 그 오랜 시간 동안 사랑은 무수한 변화를 겪어왔다. 한때 이상적으로 여겨졌던 사랑의 형태가 지금은 낡은 것으로 취급받기도 하고, 한때는 금지됐던 사랑이 지금은 흔한 사랑의 형태가 되기도 했다. 인류의 역사 속에 펼쳐진 무수한 사랑의 형태 중 어떤 것이 바람직한 사랑인지 가려낼 수 있을까?

중요한 건 그런 게 아니다. 우리에게 훨씬 더 가치 있는 건 어떤 사랑이 펼쳐질 수 있는지 그 가능성을 탐구하는 것이다. 우리가 불가능하다고 생각하는 사랑은 실제로도 불가능해진다. 하지만 우리가 가능하다고 생각하는 사랑은 그것이 어떤 것이든 실제로도 가능해진다.

모든 인간은 고민할 수 있는 능력을 지녔다. 고를 수 있는 선택지가 여럿 있을 때, 인간은 무엇이 더 나은지 고민할 수 있다. 반드시 최선의 것을 고른다는 보장은 없어도, 최소한 무엇이 좋은지 고민할 수 있다는 건 분명하다. 우리가 저지르는 윤리적 잘못이나 실수는 대부분 여러 선택지 중 잘못된 것을 고를 때 일어나는 게 아니다. 애초에 선택지가 하나밖에 없다고 느낄 때 일어난다. 이렇게 행동하는 것밖에는 다른 선택지가 없다고 느낄 때, 이 가능성 하나밖에 없다고 느낄 때, 인간은 종종 가장 끔찍한 폭력을 저지른다.

오늘날 우리는 지구 전체가 하나로 통합된 초연결 사회를 살고 있다. 그런데 이런 시대적 조건은 오히려 사랑의 가능성을 자꾸만 제한하려 한다. 개성과 다양성을 표방하지만, 다들 비슷한 것을 욕망하고 비슷한 방식으로 행동하도록 이끌린다. 우리는 이러한 시대적 흐름에 맞서 사랑의 다양한 가능성을 지켜내야 한다. 점점 잊혀가는 다양한 사랑의 형태를 상기하고, 사회 바깥으로 밀려나는 사랑의 현상을 포착해야 한다. 우리가 불가능하다고 생각하는 사랑은 실제로도 불가능하게 될 것이다. 오직 가능하다고 여기는 사랑만이 실제로도 가능하게 될 것이다. 미래의 사랑은 바로 지금 우리가 사랑을 무엇이라고 생각하는지에 따라 달라질 것이다. 그렇다면, 이제 당신은 어떤 사랑을 꿈꾸겠는가?

**가장 사적인 관계를 위한**
**다정한 철학책**

**초판 1쇄 발행** 2023년 12월 20일
**초판 2쇄 발행** 2024년 4월 24일

**지은이** 이충녕

**편집** 김대한
**디자인** *studio* weme
**일러스트** 아무데이즈
**마케팅** (주)에쿼티
**제작** (주)공간코퍼레이션

**펴낸이** 윤성훈 **펴낸곳** 클레이하우스(주)
**출판등록** 2021년 2월 2일 제2021-000015호
**주소** 경기도 파주시 회동길 530-20 402호
**전화** 070-4285-4925 **팩스** 070-7966-4925 **이메일** clayhouse@clayhouse.kr

ISBN 979-11-93235-09-6 (03100)